AF618275

EL DRAGO EN EL JARDÍN DEL EDÉN

Las Islas Canarias en la circulación transatlántica de imágenes en el mundo ibérico, siglos XVI-XVII

Peter Mason

EL DRAGO EN EL JARDÍN DEL EDÉN

LAS ISLAS CANARIAS EN LA CIRCULACIÓN TRANSATLÁNTICA DE IMÁGENES EN EL MUNDO IBÉRICO, SIGLOS XVI-XVII

PETER MASON

IBEROAMERICANA • VERVUERT • 2018

La edición de este libro ha sido posible gracias a la financiación del proyecto de investigación "Imágenes y fantasmas de la ciencia ibérica, ss. XVI-XVIII" (MINECO, HAR 2014-52157-P)

Amor de Dios, 1 – E-28014 Madrid
Tel.: +34 91 429 35 22
Fax: +34 91 429 53 97

Elisabethenstr. 3-9 – D-60594 Frankfurt am Main
Tel.: +49 69 597 46 17
Fax: +49 69 597 87 43

info@ibero-americana.net
www.iberoamericana-vervuert.es

ISBN 978-84-8489-350-9 (Iberoamericana)
ISBN 978-3-95487-773-7 (Vervuert)
ISBN 978-3-95487-772-0 (e-Book)

Depósito legal: M-30592-2018

Diseño de cubierta: Patricia Álvarez Casal
Diseño de interiores: Eduardo Mota Álvarez
Imagen de cubierta: Tabla izquierda de *El jardín de las delicias*, El Bosco, 1490-1500, Museo del Prado, Madrid. © Archivo Fotográfico Museo Nacional del Prado

The paper on which this book is printed meets the requirements of ISO 9706

Este libro está impreso íntegramente en papel ecológico sin cloro

Impreso en España

Índice

Índice de imágenes no glosadas en el texto[1]

1 Incluye solo las ilustraciones que no son explícitamente descritas a lo largo de la obra.

Nota para los lectores afortunados

Tuve la suerte de conocer a Peter Mason a bordo de un ferri que nos llevaba de Tenerife a La Gomera. Fue en los primeros días de abril de 2009. Íbamos a un congreso sobre la circulación del conocimiento entre los dos mundos, organizado por la Fundación Orotava de Historia de la Ciencia y Pepe Pardo, nuestro común colega y amigo muy querido. Las vidas de las personas, como las de las imágenes, ofrecen ciertas simetrías y recorridos que solo retrospectivamente adquieren significado o al menos así lo queremos creer.

La Gomera me pareció una isla digna de Parque Jurásico. Yo soy casi de Valladolid. Entre las flores y la escarpada cordillera volcánica, un dinosaurio estaba siempre a punto de saltar. Ya en el ferri, el perfil del Teide remitía a las descripciones de los clásicos, todos fascinados por su monumentalidad, reforzada en el horizonte sobre las aguas. Yo también había leído a Peter antes de conocerle. Pero una cosa es el conocimiento libresco y otra muy diferente el testimonio directo, la pintura al natural.

No tardé mucho en entender que Peter Mason es una *rara avis*, una especie a proteger, un historiador y en realidad una persona singular, única. Autor de libros imprescindibles como *Infelicities*, *The Lives of Images*, *Before Disenchantment*, *The Mammouth and the Mouse* (este último con Florike Egmond), aprendo y me divierto tanto leyéndole que me siento muy honrado de prologar este, su segundo libro en castellano (el primero fue *Zoológicos humanos*, escrito con Christian Báez).

Peter Mason es un historiador del arte y de la ciencia, de las formas culturales y de la antropología. Le interesan las mujeres barbudas y los perezosos. Es un verdadero experto en pintura del Siglo de Oro y en la

Patagonia. Sabe de cosas insospechadas y todas las cuenta con el entusiasmo y la originalidad de los encuentros imprevistos, con una naturalidad infantil y con una densidad, sin embargo, que solo da la sabiduría aquilatada por los años y miles de lecturas.

Este libro trata de una serie de temas que su autor lleva considerando desde hace tiempo, todos ellos vinculados a las islas Canarias como punto estratégico en la circulación del conocimiento y las creencias, singularmente a través de las imágenes. Americanistas, especialistas o interesados en la historia local de las Canarias, historiadores de la ciencia, la religión o la cultura... Son muchos los lectores potenciales de un libro que atesora las mejores virtudes de la obra de Peter Mason: ameno, original, erudito y elegante. La elegancia es una cualidad de un orden difuso, una categoría que rebasa los mundos de la alta costura o la danza. Según el *Diccionario Oxford*, la elegancia es "the quality of being pleasingly ingenious and simple".

Peter Mason nos cuenta con ingenio y sencillez las apariciones del drago en el Jardín del Edén, la Huida a Egipto o la isla de Patmos; los desplazamientos del *garoé* y otros árboles milagrosos; las cadenas morfológicas que emparentan imágenes de diversa naturaleza y cronología a través de semejanzas familiares, a veces superficiales y otras profundas, larvadas. Peter Mason es políglota y a menudo polisémico. Habla y escribe en varios niveles. Y sabe que las palabras y las imágenes de los otros también lo hacen. Aunque le interesa, no se detiene en lo evidente. Aunque parezca una nimiedad de lo que está hablando, nunca lo es.

Su repertorio es ancho y bastante abigarrado. Como en un gabinete de curiosidades, sus piezas recrean la variedad del mundo. Pasamos del agua bendita y los milagros curativos a la taxonomía botánica; de las apariciones marianas o un tratado de retórica novohispano a las descripciones náhuatl de la flora y fauna. Con el mismo talante sincrético e igualitario, Peter Mason emplea artillería pesada (Austin, Warburg, Benjamin) y munición ligera, inventarios, artículos de autores clandestinos, notas menores. Si no hay tema pequeño o imagen plebeya para la historia del arte, tampoco hay fuente o testimonio que no merezca atención. Nuestro autor dialoga con unos y con otros con el mismo gesto, sin rendir pleitesía a los grandes ni menospreciar a los pequeños, tal y como tratan los hombres elegantes a los príncipes y a los mendigos, de manera que el lector se pasea por un texto donde la alta literatura sobre filosofía del lenguaje, semiología, iconología, estudios visuales o psicoanálisis convive con naturalidad con trabajos descriptivos y locales, un texto donde la talla de un orfebre indígena de Oaxaca figura a continuación de una escultura de César Manrique o un tríptico de El Bosco.

"Nada es insignificante para un ser tan insignificante como el hombre", le espetó el Dr. Johnson a James Boswell en cierta ocasión. Siempre me ha maravillado la sagacidad de Peter Mason para extraer petróleo de los detalles más mundanos, su ojo clínico para detectar la belleza y también la dignidad de las cosas inaparentes, su trascendencia y significado. Aunque el tema es el lugar de las islas Canarias en el intercambio entre el Nuevo y el Viejo Mundo, un tema de por sí relevante y estratégico, *El drago en el Jardín del Edén* es también otra escala en el viaje extraordinario de Peter Mason a lo largo de las vidas aparentes y secretas de las imágenes, una obra de referencia en un campo de estudios cada vez más pujante e innovador y que se mueve entre el arte, la ciencia y la antropología.

Tal vez algunas de las primeras imágenes europeas de América sean de las Canarias, las primeras Antillas. Tal vez la fachada de la iglesia de Nuestra Señora de Regla en Fuerteventura ofrezca analogías con el arte novohispano debido a las rutas devocionales de misioneros y emigrantes. Peter Mason te convence sin aplastarte, con argumentos y amabilidad. A mí, en el ferri rumbo a La Gomera me cautivó en el primer *round*, como te sucederá a ti, afortunado lector, desde la primera página.

Juan Pimentel
(Centro de Ciencias Humanas y Sociales, CSIC, Madrid)

Prólogo

Fue a fines del siglo XII cuando empezó a aparecer en los mapas medievales una isla de San Borondón, situada al suroeste de las Canarias por Martin Behaim en 1492. Un siglo después, el arquitecto militar Leonardo Torriani la incluyó en su *Descripción e Historia del Reino de las Islas Canarias*, donde acompañaba un mapa con su ubicación exacta. Tanto se creyó en la existencia de la isla que se hicieron múltiples intentos para descubrirla.

La muestra itinerante *San Borondón: la isla descubierta*, organizada por Tarek Ode y David Olivera (inaugurada el 14 de enero de 2005 en el Centro de Arte La Recova, Santa Cruz de Tenerife), rescató del olvido al descubridor escocés Edward Harvey. Fotografías, dibujos y recreaciones en tres dimensiones de la fauna y flora, un herbario y una maqueta de la isla mágica documentan el descubrimiento de la isla de San Borondón por Edward Harvey en 1865. Según el catálogo que acompaña la exposición, y que incluye una traducción en español del diario de Harvey, este científico nativo de Edimburgo fue subvencionado por la Royal Society para investigar las islas de Madeira y Canarias. Durante su estadía en Tenerife, se apasionó por la leyenda de la isla de San Borondón y dedicó sus esfuerzos a encontrarla. Después de un año y medio de estudios e investigaciones, Harvey regresó a Tenerife en septiembre de 1864. En enero del año siguiente partió rumbo a la isla de La Palma y, tras haber sido azotado por una tempestad, desembarcó en territorios desconocidos. Durante siete días, Harvey y su tripulación exploraron la isla, sacando fotografías y haciendo dibujos.

De vuelta en Londres, Harvey se aisló del mundo para preparar la presentación de su hallazgo. Sin embargo, ya debilitado por una enfermedad que había contraído en un anterior viaje por África, fue puesto en ridículo por el mundo científico. Harvey nunca recibió el reconocimiento por descubrir esta isla mítica.

Era la época de las grandes expediciones científicas. Las fotografías del campamento de Harvey en San Borondón, por ejemplo, con su panoplia técnica, recuerdan las fotografías del campamento del doctor Paul D. J. Hyades y los otros miembros de la misión científica francesa al cabo de Hornos (1882-1883). En Tenerife, Charles Piazzi Smyth realizó su exitosa expedición astronómica en el año 1856; sus fotografías fueron publicadas un par de años después. De hecho, la fotografía canaria tiene una larga historia: Louis Compte, el introductor de la fotografía en Brasil en 1840, pasó por Santa Cruz de Tenerife en octubre de 1839, fecha que inauguró la era del daguerrotipo canario.

Cuando uno mira las fotografías de Harvey, sobre todo las de algunos árboles con frutos gigantes, le vienen a la mente las famosas instantáneas de dos niñas inglesas con algunas hadas, reproducidas en *The Strand Magazine* en 1920 por el padre espiritual (y espiritualista) de Sherlock Holmes, sir Arthur Conan Doyle. Aunque Conan Doyle defendió la autenticidad de estas fotografías, sabemos hoy por las confesiones de las

hermanas, ya ancianas, en 1983, que las imágenes fueron trucadas. Y los animales espectaculares recreados en la exposición *San Borondón: la isla descubierta*, ¿no recuerdan demasiado a los animales prehistóricos con los cuales el mismo Conan Doyle pobló su *Mundo perdido*? En suma, ¿pertenece Edward Harvey a la categoría de los viajeros a secas, o a la de los viajeros mentirosos?

Engaño hay, pero no tanto. Uno puede comparar la fotografía reproducida en el catálogo del "Drago de La Orotava, Jardines de Frenchy, 5 de noviembre de 1864" con la de Piazzi Smith, la única fotografía conocida del árbol derribado por un huracán en 1867, pero no se trata del mismo árbol. Y a juzgar por otra fotografía reproducida en el catálogo, el "árbol gigante" de San Borondón parece idéntico al árbol gigante de caucho que se encuentra hoy en el Jardín Botánico de Puerto de la Cruz, Tenerife.

Harvey no existió. La San Borondón que los artistas Ode y Olivera y sus colaboradores (María Teresa Febles hizo los dibujos) nos presentaron no es una recreación, sino una creación. Utilizando varias herramientas para tratar la imagen, los artistas jugaron con la leyenda para construir un viaje y una vida que no existieron, pero que se hacen reales ante el espectador. Como dicen ellos, el destino de la isla es algo a inaugurar. El proyecto San Borondón, fruto de una larga investigación, coincide con lo que José de Viera y Clavijo dijo de esta isla: "Que tiene la propiedad de presentarse a los ojos y de huirse de entre las manos".

Regina raptoris
EH

HABITO
DELL'ISOLE
CANARIE.

Introducción

Ni Este ni Oeste

La última marea
el guijarro muerto
media vuelta y los pasos
hacia las viejas luces
Samuel Beckett, *Dieppe* (1937)

Unos cuantos kilómetros al oeste de La Restinga, el punto más meridional de España, en la isla canaria de El Hierro, el faro de La Orchilla señala uno de los parajes más occidentales de Europa. Orchilla es el nombre de un liquen nativo del cual se extrae un colorante natural que se utiliza en los talleres textiles; los romanos ya lo usaban como tintura violeta y, en el siglo XVI, fue exportado desde las Canarias hacia Italia y Flandes.[1] Pero la fama de La Orchilla va más allá, pues posiblemente desde el tiempo de Ptolomeo, en el siglo II, y ciertamente hasta finales del siglo XIX, La Orchilla marcaba el meridiano, o grado cero: ni Este ni Oeste [1].

Cero grados resume acertadamente esa posición límite de El Hierro, que se balancea al borde del mundo conocido. Sin embargo, después de la Conferencia Internacional del Meridiano, llevada a cabo en Washington en 1884, el meridiano fue trasladado a Greenwich, en Londres, y la posición de La Orchilla fue recalibrada.[2] Ahora está 18°09' al oeste del meridiano de Greenwich, el nuevo cero, y ha perdido esa condición de límite que disfrutó durante tantos siglos.

1 Lobo Cabrera (2000).
2 Washburn (1982).

[1] La mirada infinita desde la costa oeste de El Hierro.

En 2011, incluso La Restinga estuvo amenazada con dejar de ser el punto más meridional de España, cuando una intensa actividad volcánica a casi un kilómetro de la costa creó la posibilidad de que una nueva isla emergiera al sur de El Hierro. Sin embargo, esa intensa actividad volcánica cesó, y por ahora no es necesario recalibrar. Incluso el ritmo de los movimientos geológicos puede tener su flujo y reflujo.

Cuando Colón quería indicar la distancia que había viajado para llegar a las Américas, lo hacía en términos de cuántas leguas lo separaban de la isla de El Hierro, porque su costa occidental era el último lugar conocido del Viejo Mundo antes de aventurarse en lo desconocido en busca del Nuevo Mundo. Una cosa es contemplar la extensión desde el refugio de la tierra; otra, bien distinta, aventurarse en ella. Lejos de "la incontable risa" de las olas del poeta griego Esquilo,[3] aquí no hay mucho de que reírse. Una vez que se han borrado los puntos fijos de identificación, las dimensiones pueden comenzar a cambiar, incluso a una escala más pequeña, y perderse en el mar se vuelve fácil.

En el año 2013, en vísperas de hacer —y registrar en su totalidad— un viaje desde un continente a otro en veinte días a bordo del buque *Pacific Breeze* para su proyecto Océan, el artista chileno Enrique Ramírez escribió:

---

3 Esquilo, *Prometeo encadenado* 90.

Para cruzar el mundo por el mar, al parecer no sólo debo tener la nacionalidad, pasaporte, residencia, sino también debo tener un perfil bioquímico, agudeza visual, audiometría tonal, orina completa, electrocardiograma, radio X de tórax, test de Elisa, fotos con fondo azul marino, hoja de antecedentes, curso de seguridad y familiarización a bordo...[4]

No fue siempre así. Pero la búsqueda de sentido en la vasta superficie acuática literalmente lleva a aferrarse a cualquier cosa. A finales de esta introducción, la justificación del método de investigación seguido en este libro, extraído *ad hoc* del material mismo, se caracterizará como "el análisis superficial", con una genealogía intelectual respetable. Cuando Colón y su tripulación estaban desesperados por encontrar tierra, tenían que buscar en la superficie de las aguas. El 11 de octubre de 1492 sus esfuerzos se vieron recompensados:

Vieron pardelas y un junco verde junto a la nao. Vieron los de la caravela *Pinta* una caña y un palo, y tomaron otro palillo labrado a lo que parecía con hierro, y un pedaço de caña y otra yerva que naçe en tierra y una tablilla. Los de la caravela *Niña* también vieron otras señales de tierra y un palillo cargado d'escaramojos. Con estas señales respiraron y alegráronse todos.[5]

En un ensayo clásico sobre el fenómeno del coleccionismo, Krzysztof Pomian distingue entre "las cosas, los objetos útiles", por un lado, y "los semióforos, los objetos que no tienen ninguna utilidad [...] pero que representan lo invisible, es decir, son dotados de significación", por el otro.[6] Para los navegantes que acompañaban al almirante, la acumulación de objetos en el mar —las aves, el junco y las otras cosas— eran útiles, les ayudaban a orientarse y a alegrarse, pero a la vez eran efectivamente dotadas de significación porque representaban lo que en ese momento era invisible pero que iba a revelarse pronto como novedad absoluta: el Nuevo Mundo. Y su lectura de estos signos no fue en vano: al día siguiente por primera vez tuvieron América a la vista. Un siglo después, al haber cumplido la travesía atlántica y llegado a la isla Deseada en las Antillas, fray Diego de Ocaña escribió que "con justo título le pusieron este nombre, porque haber navegado tanto mar sin ver tierra es grande el deseo que la gente trae de vella".[7]

4 Ramírez (2013: 18).
5 Colón (1984: 28-29).
6 Pomian (1987: 42).
7 López de Mariscal y Madroñal (2010: 72).

Ya en su primer viaje a América, las islas Canarias le proporcionaron a Colón una plantilla mental para entender el Mundo Nuevo. Nunca las olvidó, como muestra la siguiente observación sobre su primer encuentro con los nativos del Caribe en la isla de Guanahaní, el 11 de octubre de 1492: "D'ellos se pintan de prieto, y d'ellos son de la color *de los canarios*, ni negros ni blancos".[8] Dos meses después, las Canarias le servían otra vez como marco de referencia para describir la vista desde un puerto que estaba entre la isla de Santo Tomás y el cabo de Caribata: "De aquel puerto se aparecía un valle grandíssimo y todo labrado [...]; y sin duda que ay allí montañas más altas que la isla de Tenerife en Canarias, qu'es tenida por de las más altas que puede hallarse".[9] Las islas Canarias, por tanto, con sus habitantes, flora y fauna, constituían una fuente permanente de material comparativo que ayudaba al almirante y otros a articular las similitudes y diferencias entre el Viejo y el Nuevo Mundo. Ya en 1493, el obispo Giuliano Dati editó en Roma una poesía dedicada al primer viaje de Colón, pero que titulaba *Storia dell'inventione delle nuove insule di Channaria indiane.*[10] De hecho, la aplicación del término "las islas nuevamente halladas", primero a las Canarias y sucesivamente a las Américas, reforzaba la semejanza entre los dos territorios, a veces contribuyendo a confundir a los historiadores. Un informe leído en el senado de Venecia en mayo de 1497 afirma que, entre los regalos que había recibido el embajador Francesco Cappello de parte del rey español, se contaban no solo papagayos de varios tipos y colores, sino también un "rey" de "las ínsulas recientemente descubiertas por el rey de España".[11] Zapperi presume que este rey era uno de los *menceyes* de Tenerife, pero es más probable que la frase se refiera al Nuevo Mundo y no a las Canarias.[12] En *Los guanches de Tenerife*, comedia de Lope de Vega, la iconografía guanche se traslapa con la americana.[13] Otro ejemplo de la misma equivocación, genialmente detectado por José Barrios, es una frase supuestamente guanche: el investigador ha establecido que las palabras en cuestión fueron encontradas por el jesuita Athanasius Kircher en un informe francés sobre la región del lago Hurón, actual Canadá, publicado en el año 1637, utilizadas por el propio Kircher en la

8 Colón (1984: 33).
9 Colón (1984: 88).
10 Bogliolo Bruna (2006: 5).
11 Symcox (2001: 48-49 y 109-110).
12 Zapperi (2005: 12-13).
13 Sánchez Jiménez (2016).

anotación de un grabado de 1646 en que aparece la palabra "Canadicè", y erróneamente retomadas bajo la forma "Canaricè" en una recopilación de Francisco María de Ardanaz y Ormaechea en el año 1803. El resultado es que "una frase de los indios hurones del Canadá aparece formando parte de supuestos rituales guanches mantenidos en la tradición oral de la comarca de Agache [sur de Tenerife] en la segunda mitad del siglo xx".[14]

Con sumo realismo, Gonzalo Fernández de Oviedo empieza secamente su *Sumario de la natural historia de las Indias* con las siguientes palabras:

> La navegación desde España que comúnmente se hace para las Indias, es desde Sevilla [...] y se embarcan en San Lúcar de Barrameda, donde el río de Guadalquivir entra en el mar Océano, y de allí siguen su derrota para las islas de Canaria, y comúnmente tocan a una de dos de aquellas siete, que son y es en Gran Canaria o en la Gomera; y allí los navíos toman refresco de agua y leña, y quesos y carnes frescas, y otras cosas, las que les parece que deben añadir sobre el principal bastimento, que ya desde España llevan.[15]

Tal vez la palabra repetida "comúnmente" explica por qué, con algunas pocas excepciones, la principal corriente historiográfica del mundo atlántico ha relegado las Canarias al rol de un necesario pero no interesante punto de partida para viajeros destinados a América o a la costa oeste de África. Algunas ediciones modernas de relatos de viaje históricos incluso omiten los capítulos dedicados a la parada obligatoria en las Canarias como algo que no es relevante al tema. Pero, ¿cómo ignorar la existencia y la relevancia de un archipiélago que formaba parte del cuerpo de las utopías del descubrimiento que abarcaban el mito bíblico del Paraíso, las leyendas clásicas de los Campos Elíseos, las islas de los Bienaventurados, el mito de la Atlántida, y las leyendas medievales de difusión amplísima del monje irlandés San Brandán relacionadas con la isla de San Borondón?[16] Ya en tiempos más remotos, aun si las evidencias arqueológicas de una presencia romana sean objeto de controversias, se puede afirmar que los mares canarios fueron transitados por naves romanas.[17] Resulta claro que, a la hora de crear la ignorancia, la corriente historiográfica en cuestión es una calle sin salida.

14 Barrios (2016).

15 Oviedo (2002: 59).

16 Martínez Hernández (1992 y 1996); Flint (1992: 91-97); Sörgel de la Rosa (2005).

17 Chávez Álvarez y Tejera Gaspar (2008).

Si la costa de El Hierro marcaba el límite horizontal de la tierra conocida, el pico del Teide en Tenerife, con sus 3.718 metros, la montaña más alta de España, alimentaba la fijación de un límite vertical.[18] Cuando Darwin avistó el Teide por primera vez, en enero de 1832, no pudo reprimir su admiración: "Destaca en el cielo dos veces más alto de lo que hubiera soñado con buscarlo".[19] Para el poeta sorrentino Torquato Tasso, según escribió a mediados del siglo XVI, era "parecido a las pirámides agudas".[20] Aunque nunca estuvo en la isla misma, navegando desde La Gomera hacia Gran Canaria en agosto de 1492, Colón sí estaba en condiciones de ver "salir gran huego de la sierra de la isla de Tenerife, qu'es muy alta en gran manera" (Colón 1984: 18).[21] [2] Ya en el primer relato de un viaje europeo a las Canarias, en el año 1341, el narrador describe la gran impresión que le produjo "cierta maravilla":

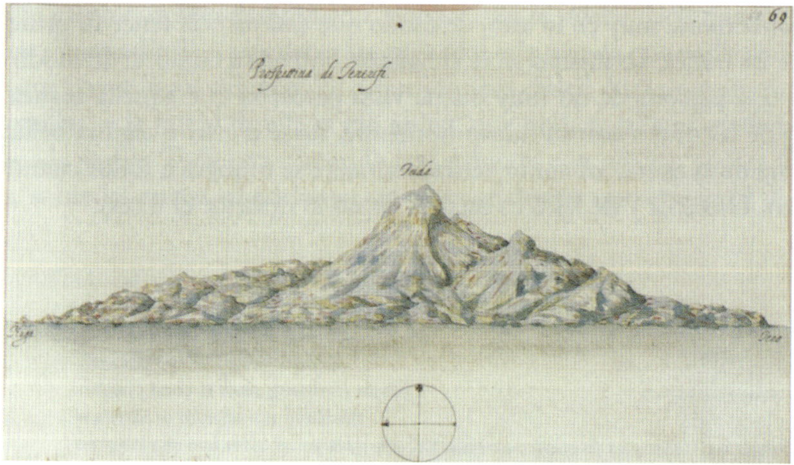

[2] Perspectiva de Tenerife con el pico del Teide. Acuarela. En Leonardo Torriani, *Descripción de las islas Canarias.* Manuscrito. Biblioteca de la Universidad de Coimbra.

18 El cartógrafo Johan Blaeu incluso quería trasladar el meridiano desde El Hierro al pico del Teide para hacer coincidir el límite vertical con el horizontal (Washburn 1982: 877).

19 Darwin (1988: 19). FitzRoy escribió: "Fue una gran decepción para Darwin, quien había esperado poder visitar la cima".

20 "A l'acute piramidi sembiante", Torquato Tasso, *Gerusalemme liberata* XV, 34.

21 La datación por técnicas radiométricas ha confirmado que el almirante pudo observar la erupción del volcán Boca Cangrejo en la dorsal noroeste de Tenerife (Carracedo *et al.* 2007).

> Dicen que allí existe un monte que, según sus cálculos, tiene treinta millas, o aún más, de altura, que se ve desde muy lejos y en cuya cima se divisa cierta blancura; y como todo ese monte es pedregoso, esa blancura tiene el aspecto de una ciudadela; pero sólo es una roca muy picuda en cuya cima hay un mástil del tamaño del de una nave, del que cuelga una entena con una gran vela latina tensada a semejanza de un escudo, la cual, hinchada por el viento, se extiende mucho; luego parece disminuir poco a poco, como en las naves, para elevarse enseguida, continuando siempre de esta manera.[22]

Los marineros consideraron "que estaban en presencia de un encantamiento y no tuvieron el valor de descender a tierra". De hecho, el fenómeno singular es bastante frecuente: se trata de la formación de nubes blancas alrededor de la cima del pico; los vientos fuertes que prevalecen a esa altura son capaces de moldear las nubes en formas sorprendentes [3].

[3] El Teide se pone el sombrero.

---

22 Citado en Hernández González (1998: 37). Se trata de la traducción al latín de Giovanni Boccaccio de las noticias sobre una expedición genovesa, cofinanciada por empresarios portugueses, que el segundo al mando, Niccoloso da Recco, comunicó a la comunidad florentina de mercaderes asentada en Sevilla.

Invitado a escribir la historia de la Royal Society de Londres fundada en 1660, el predicador Thomas Sprat incluyó "una relación sobre el Pico de Tenerife, recibida de unos importantes mercaderes y hombres dignos de crédito que subieron a su cima" en la obra publicada siete años después. Contiene una descripción vivida del fenómeno meteorológico:

> Tan pronto como salió el sol, la sombra del Pico pareció cubrir no sólo la isla entera y Gran Canaria, sino también el mar hasta el horizonte [...]. Pero el sol no había ascendido mucho cuando las nubes comenzaron a levantarse con tanta rapidez que nos interceptaron la vista del mar y de la isla entera, exceptuando las cimas de las montañas inferiores, que parecían atravesarlas. No podemos decir si estas nubes superan alguna vez el Pico, pero aquellas que estaban debajo a veces parecen colgar sobre él, o mejor dicho, lo envuelven alrededor, como ocurre constantemente cuando sopla el viento del noroeste; a esto lo llaman el Sombrero y es un pronóstico seguro de posteriores tormentas.[23]

En cuanto al viajero francés André Thevet, que viajó vía Canarias a la Francia Antárctica, es decir, Brasil, en 1555, relata que todos los esfuerzos en medir la altura del Teide habían fracasado por haber sido frustrados por los indígenas canarios, que se habían retirado en la montaña para huir de los españoles.[24] Así, la isla mantenía su encantamiento.

Cuando el artista holandés Frans Post pasaba por las Canarias de camino a la colonia holandesa en Brasil en diciembre de 1636, entre los al menos 15 dibujos topográficos de los perfiles de las costas macaronésicas que se pueden atribuir a él se hallan tres de la isla de Tenerife, en que el volcán Teide es una conspicua presencia. Comentaba él (o un oficial de la Marina) que el pico era tan alto que estaba todo el año cubierto de nieve.[25] También viajaba con la flota holandesa el artista Albert Eeckhout;[26] parece que la isla le había del mismo modo impresionado, ya que en el año 1650, después del regreso de los dominios holandeses de Brasil, un cuadro suyo que representaba "una vista de Tenerife y del mar" estaba en la posesión del

23 Hernández González (1998: 103).

24 Thevet (1558: cap. 6).

25 Corrêa do Lago (2007: 377). Para la atribución a Post, véase también Sousa-Leão (1973). Los dibujos están en perfecta conformidad con la orientación práctica de la obra de Post.

26 Así solía firmar su apellido el artista que en los catálogos aparece como "Albert Eckhout": véase Egmond y Mason (2004).

capitán irlandés Thomas Tobias.[27] Así que los dos artistas más conocidos de la expedición militar-científica holandesa a Brasil entre 1637 y 1644, Frans Post y Albert Eeckhout, nunca se olvidaron de su estadía canaria.

Imágenes de las Canarias, imágenes en las Canarias

Estas y otras imágenes, provenientes de fuentes distintas, contribuyeron a formar una cierta idea de las Canarias que circulaba en las cabezas europeas. Junto a las imágenes, no se debe obviar la presencia física de indígenas de las islas en Europa. Ya en el año 1341 la expedición genovesa a las Canarias volvió no solo con pieles de carnero y de cabras, sebo, aceite de pescado, despojos de focas y maderas coloradas, sino también con cuatro habitantes de las islas.[28] Si en 1492 Colón tenía la oportunidad de observarlos en persona al inicio de su travesía atlántica, solo dos años después, el médico alemán Jerónimo Münzer, quien estaba haciendo un viaje por la península ibérica, vio a 73 canarios tinerfeños de ambos sexos que habían sobrevivido a la travesía y al clima para ser vendidos en el mercado de Valencia. Escribe:

> Son hombres morenos, pero no negros, semejantes a los bárbaros. Sus mujeres están bien formadas, con miembros fuertes y bastante largos; pero son bestiales en sus costumbres, porque hasta ahora no han vivido bajo ley alguna, sino que son idólatras. [...] Vi muchos cautivos con cadenas de hierro y grillos, forzados a durísimos trabajos, como serrar vigas y otras cosas.[29]

El mercader de Valencia informó al viajero curioso sobre las cañas de azúcar, la comida, los animales y la variedad de frutos y cebada de la isla.

Aún más célebre es el caso de la familia compuesta por Pedro González de Tenerife, su mujer de procedencia europea, y sus hijos. Los padres de Pedro probablemente llegaron al continente europeo por el mismo mecanismo del que Münzer fue observador. Algunos miembros de la familia sufrían de *hypertrichosis universalis congenita*, manifestada en la fina capa de pelo que les recubría la piel. Pedro, "regalado" a Enrique II de Francia por el rey de España en 1547, vivió en la corte gala hasta la muerte del

27 La carta de Jacob Cohen que contiene esta información se reproduce en Nystad (1980: 84); véase Whitehead y Boeseman (1979: 175).

28 Hernández González (1998: 33-34).

29 Münzer (1991: 45).

Demum pili,& pellis poſtremam nobis miniſtrant differentiam:nam Ioannes Mandauilla quandam deſcribit inſulam, cuius incolæ, præter palmas, & faciem pilis frequentibus redundant, & Pigafeta delineauit homines inſulæ Buthuan piloſos, feroces, & antropophagos. Deinde, vt miſſos faciamus homines ſylueſtres à Plinio,& Solino memoratos, in præſentia, quos Petrus Martyr recenſet, meditabimur. Is igitur poſteritati ſcriptum reliquit homines ſylueſtres in Prouincia Guacaiarina ſtabulari, qui cryptas inelegantes, & depreſſas habitant fructibus ſylueſtribus victitant, & nunquam cum cæteris inſulæ incolis conſuetudinem ineunt: immo comprehenſi,& benignè tractati nunquam cicures fieri potuerunt;quare neq; imperium, neq; leges noſcere creduntur. Item in Hybernia inſula Anglorum regi ſubiecta infiniti ferè homines ſylueſtres ſunt, qui nullam vnquam conſuetudinem inire cum habitantibus ſecus mare voluerunt. Portionem pellis hominis ſylueſtris Sarmata quidam ad Excellentiſſimum Vlyſſem Aldrouandum detulit, quæ adhuc in Muſæo Illuſtriſſimi Senatus Bononienſis ſeruatur, retulitq; hanc in annulo geſtari ad conuulſiones, cum maxima patientis vtilitate. A

Cap. 171. *In ſumm. ind. Occid.* *Homines ſylueſtres vbi ſint.*

Hoc ſylueſtre genus hominum Bononiæ primùm viſum eſt, cum Illuſtriſſima Soranij Marchioniſſa Bononiam ſe conferens ab Illuſtriſſimo viro Mario Caſalio honorificentiſſimè fuit ſuſcepta: ſecum enim deducebat puellam octo annorum piloſam, filiam illius ſylueſtris hominis, ætatis annorum quadraginta, in inſulis Canarijs orti, qui non ſolum hanc filiam, ſed aliam natu maiorem annorum duodecim, & filium annorum viginti genuit; horumq; omnium icones exhibentur. B

Pater annorum quadraginta, & filius annorum viginti toto corpore piloſi.

[4] Pedro y Enrico González. Xilografía. En Ulisse Aldrovandi, *Monstrorum historia*, Bologna, 1642.

Monstrorum Historia. 17

Puella pilosa annorum duodecim.

[5] Antonietta González. Xilografía. En Ulisse Aldrovandi, *Monstrorum historia*, Bologna, 1642.

monarca francés en 1559. La familia pasó entones a manos de Caterina de Medici y Pedro acabó al borde del lago Trasimeno, en Italia. Los González consiguieron una fama notable por ser retratados en las obras del naturalista boloñés Ulisse Aldrovandi, en una serie de cuadros en el castillo de Ambras en Austria, y en varias otras representaciones [4, 5].[30]

En una carta fechada el 17 de agosto de 1788, dirigida a don Alonso de Nava y Grimón, sexto marqués de Villanueva del Prado, el ministro de Indias Antonio Porlier de Sopranis escribe:

> Deseoso el Rey de proporcionar cuantos medios sean dables para que prosperen en sus dominios de Europa las plantas exquisitas cuyas semillas han hecho venir así de Asia como de América [...], y considerando que el clima y temperamento de estas Islas Canarias son más análogos a los de los países nativos de dichas plantas; me ha encargado S.M. disponga que en esa isla de Tenerife se establezca uno a varios plantíos en los terrenos más adecuados a estas producciones [...].[31]

[6] El Jardín de Aclimatación de la Orotava, Puerto de la Cruz, Tenerife.

30 Fundamental es el estudio de Zapperi (2005). Véase también Mason (2017).
31 Cioranescu (2010: 88).

El jardín de aclimatación de la Orotava, situado en Puerto de la Cruz, Tenerife, fue ordenado en ese año de 1788 por Carlos III, que había fundado el Real Jardín Botánico de Madrid poco antes, para aclimatar las plantas exóticas antes de trasladarlas, en el caso de una aclimatación exitosa, a los jardines reales de la península [6]. Lo podemos tomar como metáfora del proceso en que el pasaje por las Canarias, conocidas y conquistadas en su mayoría ya un siglo antes del descubrimiento y la conquista de las Américas, ofrecía un filtro, un horizonte mental. Este filtro servía para "aclimatar" la información que llegaba del Nuevo Mundo para facilitar su consumo por parte del Viejo Mundo.

Jan Mostaert, *La Conquista de América* reconsiderada

Sin embargo, había otras imágenes más tangibles que circulaban. En el Rijksmuseum Amsterdam se encuentra, desde 2013, un cuadro del holandés Jan Mostaert que generalmente se considera una de las primeras representaciones de América [7]. Desde el descubrimiento del cuadro en una colección privada en 1909, diversos interpretes lo han identificado con una variedad de acontecimientos históricos relacionados con América. Dicha referencia a América fue reforzada con la exposición y publicación del cuadro en las celebraciones para conmemorar el bicentenario de la independencia de los Estados Unidos en 1976.[32] Aunque las primeras imágenes de los habitantes de América empezaron a aparecer en los años 90 del siglo xv en forma de grabados,[33] se ha propuesto que el cuadro de Jan Mostaert sea la primera *pintura* de indígenas americanos.[34]

Estilísticamente, el cuadro se fecha hacia la segunda década del siglo xvi y sus tonalidades recuerdan las de otros artistas flamencos del período como Joachim Patinir (circa 1480-1524).[35] Desde el fin de 1519, cuando llegó el primer trasporte de tesoros aztecas a la corte española, algunos

32 Honour (1976); Chiappelli (1976).

33 La primera sería el frontispicio de la versión in *ottava rima* de *La Lettera dell isole che ha trovato nuovamente il Re di Spagna* por Giuliano di Domenico Dati de 1493.

34 Para una matización de esta propuesta, véase Mason (2000).

35 Gibson (1989: 43). Cuttler (1989: 193) escribe: "Mostaert's landscape adheres to the Patinir manner of the 1520s in its distinctness and in the lack of the atmospheric veil and greater detail that landscape painting evolved by the 1540s".

[7] Jan Mostaert. *Paisaje con un Episodio de la Conquista de América*. Óleo sobre tabla, 86,5 × 152,5 cm. Rijksmuseum Amsterdam, inv. SK-A-5021.

OMSTREEKS 1475–1555/'56

privilegiados europeos tenían la posibilidad de admirar los productos de lo que más tarde se llamaría Nueva España, y los primeros indígenas americanos que se verían en España llegaron en 1528. Sin embargo, hay muy poco en el cuadro que recuerde al imperio azteca. ¿Dónde están los adornos, las plumas, las joyas que funcionan como íconos de los indígenas americanos en las primeras representaciones del continente y de sus habitantes?

Oriundo de Harlem, en el norte de los Países Bajos, Jan Mostaert frecuentó durante algunos años la corte de Margarita de Austria, duquesa de Saboya y gobernadora de los Países Bajos, en Malinas, es decir, en la parte meridional del país, y fue nombrado su pintor de honor en 1518.[36] Se sabe que la culta regente se interesaba vivamente por los descubrimientos geográficos de sus días: además de objetos del Nuevo Mundo, entre los libros en su *studiolo* se encontraba el informe abreviado sobre las "islas descubiertas" enviado por Pedro Mártir de Anglería a Carlos V.[37] Resulta fácil imaginar que la familiaridad con las noticias que llegaban a la corte de los Austrias habrá mantenido a Mostaert al tanto de los acontecimientos en los territorios de ultramar españoles. Por lo tanto, aunque la década de los 20 resulta una fecha muy temprana para una escena supuestamente localizada en el continente americano, sobre todo si consideramos la detallada representación del paisaje y de sus habitantes y fauna, no se puede excluir categóricamente.

Sin embargo, el término "las islas nuevamente descubiertas" se aplicaba tanto a América como a las islas Canarias. Recordemos que estas últimas fueron conocidas y conquistadas en su mayoría ya un siglo antes del descubrimiento y de la conquista de las Américas. Como hemos visto, al lado de las imágenes, no se debe obviar la presencia física de indígenas de las Canarias en Europa desde el año 1341.

Vista la fecha de la conquista de las Canarias y la presencia allí de colonos y mercaderes europeos, particularmente flamencos de Amberes,[38] desde el siglo XV, a primera vista la conquista de las Canarias ofrece un candidato para el sujeto del cuadro no menos plausible que los que ya han sido propuestos, y más al alcance de un artista que nunca había via-

36 Duverger (1979), Eichberger (2002: 253). En su vida de Mostaert, Van Mander se equivoca cuando lo llama su pintor de corte.

37 Mártir de Anglería (1522). Véase Eichberger (2002: 185).

38 Marrero Rodríguez (1982); AA.VV. (2004 y 2005).

jado a las Américas. Como veremos en el próximo capítulo, la presencia de un drago, árbol endémico de las islas, en un grabado alemán de hacia 1470 demuestra que el conocimiento de las Canarias ya había penetrado en Alemania y Flandes en el último cuarto del siglo xv, y es probable que un mercader hubiera llevado algún dibujo de la flora canaria o del paisaje extraño a Europa, dado que aparte de los círculos de las cortes, las redes mercantiles fueron otra fuente de noticias. Con sus al menos 19 refinerías para los azúcares que provenían de las Canarias, en el siglo xvi, Amberes fue un importante centro de distribución al resto de Europa no solo de productos canarios, sino también de información.[39] Un ejemplo que muestra cómo circulaba este tipo de información es el llamado "Manuscrito de Ferrara", una síntesis de las primeras fuentes sobre el descubrimiento de América recopilada entre 1501 y 1504 y atribuida a un erudito veneciano, Alessandro Zorzi. Aún más interesante son los comentarios y los 87 dibujos marginales, que son "en parte testimonios originales, probablemente llevados por marineros que habían participado en las expediciones, en parte reflexiones o interpretaciones de las fuentes oficiales o del manuscrito mismo".[40] Entre los dibujos se encuentran mapas, incluido uno de las Canarias, casas redondas, estatuas de oro, canoas, muebles y otra información etnogeográfica. No es difícil conjeturar que un artista como Jan Mostaert hubiera podido aprovecharse de una fuente semejante relacionada con el bullicioso puerto de Amberes.

La discusión del cuadro empezó con la descripción escrita por Carel van Mander, quien lo había visto en la casa del nieto de Mostaert en 1604: "Hay también un paisaje, uno de las Indias Occidentales, con mucha gente desnuda, con una roca caprichosa y con una extraña construcción de casas y cabañas; pero fue dejado incompleto".[41] La identificación del cuadro en el Rijksmuseum con el descrito por Van Mander no es cierta, pues el cuadro del museo de Ámsterdam parece estar acabado. Sin

39 En sentido opuesto, antes de ser eclipsada por Ámsterdam, la ciudad de Amberes era un punto importante de referencia para la exportación del arte flamenco a las Canarias, muchas veces comprado por los ingresos de la industria de azúcar; véase Pérez Morera (2005).

40 Laurencich-Minelli (1985: 14).

41 "Daer is oock een Landtschap, wesende een West-Indien, met veel naeckt volck, met een bootsighe Clip, en vreemt ghebouw van huysen en hutten: doch is onvoldaen gelaten" (Van Mander 1604: 229).

embargo, como señala Martínez de la Peña,[42] el cuadro ha sufrido en el pasado una restauración que denomina "nada cuidadosa".

Aun si la identificación puede ser legítima, el término "Indias Occidentales" (West-Indien en holandés) tenía un campo de aplicación mucho más grande e indefinido que su limitación a las islas del Caribe en la actualidad. De hecho, el mismo Van Mander tradujo la *Historia del Mondo Nuovo* de Girolamo Benzoni —en la que el milanés presentaba una descripción no solo de América, sino también de las Canarias— con el título de *Beschryvinghe van West-Indien*. Además, una de las traducciones en verso de la carta de Colón a Luis de Santángel,[43] cuya primera edición se intitulaba *La lettera delle isole nuovamente trovate* (Roma, junio de 1493) fue publicada con el título *Questa e la hystoria delle inventioe delle diese isole Cannaria in Indiane*. Tan grande fue la confusión o contaminación entre las Canarias, el continente americano y las "Indias Occidentales".

Entre los que han tenido sus dudas con respecto al mérito de una identificación del cuadro con un paisaje americano destaca el historiador del arte Charles D. Cuttler.[44] También el presente autor, aunque proponiendo argumentos diversos, si no opuestos a los de Cuttler, habría preferido ver en el cuadro un paisaje genérico y exótico, sin especificidad geográfica.[45] Pero al haber visitado las siete islas en diversas ocasiones, estoy más dispuesto a compartir la opinión de Domingo Martínez de la Peña: "[...] el que tenga conocimiento de la naturaleza de las Islas Canarias tiene necesariamente que quedar admirado de la proximidad con lo que muestra el cuadro".[46] En 1970 este autor propuso como tema del cuadro un momento en la conquista de las Canarias, basado en consideraciones sobre las habitaciones, los rasgos físicos de la población indígena, sus armas, la fauna y el paisaje. En cuanto a las chozas que se perciben en el cuadro [8 y 9], no tienen nada en común con los edificios de los aztecas conquistados y destruidos por los españoles en 1521-1523, pero sí con las habitaciones de los canarios, que solían vivir en cabañas, chozas o cuevas. Por ejemplo, en su *Crónica del descubrimiento y conquista de Guinea*, de 1448, Gomes

42 Martínez de la Peña (1970: 145, nota 1). Por las mismas razones resulta imposible identificar la bandera llevada por las tropas europeas.

43 Colón (1984: 139-146).

44 Cuttler (1989).

45 Mason (1998: 26-39).

46 Martínez de la Peña (1970: 149).

[8] Detalle de fig. 7.

[9] Detalle de fig. 7.

Eanes da Zurara relata que los habitantes de Tenerife "no tienen casas sino chozas y cuevas". Añade que "su pelea es con astas de médula de pino hechas como grandes dardos, muy afiladas, tostadas y secas".[47] Algunos años después, en su descripción de la manera de hacer la guerra en Tenerife, Alvise da'Ca da Mosto se refiere no solo a "palos que hacen en forma de dardos", sino a piedras, armas ambas que se perciben nítidamente en el cuadro de Mostaert [10 y 11].[48] Igualmente, en los capítulos de las *Sau-*

[10] Detalle de fig. 7.

[11] Detalle de fig. 7.

47 Hernández González (1998: 56).
48 Hernández González (1998: 71).

[12] *Habito dell'isole Canarie.* Xilografía. En Cesare Vecellio, *De gli habiti antichi, e moderni di diverse parti del mondo libri due*, Venezia, 1590.

dades da terra de Gaspar Frutuoso dedicados a las Canarias, el autor (que recogió sus datos en la década de los 60 del siglo XVI) menciona que se cubrían con pieles de cabra y de oveja, que vivían en casas hechas con ramas y en cuevas y que sus armas eran varas afiladas.[49] Con una vara afilada, arco, flechas y escudo aparece el canario representado en la última imagen del segundo libro del *De gli habiti antichi, e moderni di diverse parti del mondo libri due* de Cesare Vecellio [12].[50] Algunos de los tocados de los indígenas parecen recordar el uso de vendas atadas en la frente, teñidas de colorado y azul, por los gomeros cuando andaban de guerra [13].[51] En cuanto a la fauna, la presencia de animales europeos en el cuadro, sobre todo el ganado, se encuadra mejor con un asentamiento ya establecido que con un evento reciente [14].

[13] Detalle de fig. 7.

[14] Detalle de fig. 7.

Pasemos a considerar el paisaje. El arco natural en la roca [15] recorre en la obras de varios paisajistas flamencos de las primeras décadas del siglo XVI (Cornelis y Quentin Massys, Cornelis van Dalem, Joos van Cleve, Herri met de Bles, Matthys Cock...) y era una de las formas geológicas

49 Frutuoso (2004: 47 y 49).

50 Vecellio (1590: 499). El texto comenta: "Usano tirar bene d'arco, & portano alcuni dardi pugnenti per uccidere capre, & asini salvatici...". La imagen se repite en la segunda edición de la obra: Vecellio (1598: 440), cuyo texto omite mencionar el *droit de seigneur* canario comentado en la edición de 1590.

51 Martínez de la Peña (1970: 159).

[15] Detalle de fig. 7.

preferidas de Joachim Patinir.[52] De clara ascendencia patiniriana es, por ejemplo, el peñasco horadado que forma parte del paisaje al fondo del retrato de San Antonio Abad atribuido a Joos van Cleve, en una de las alas de los dos trípticos de Agaete, Gran Canaria, datados en los años 30 del siglo XVI [16].[53] Aparece también en el fondo del *Retrato de una mujer* de Jan Mostaert [17] en la colección del Rijksmuseum, fechado por el museo en los años 1520-1525.[54] Por otro lado, recuerda la fisionomía de las islas más grandes (Gran Canaria y Tenerife), con sus formaciones geológicas muy erosionadas.

Colocando el cuadro en un contexto canario, Martínez de la Peña reconoce lo aventurado de tratar de localizar a qué episodio de la conquista de las Canarias se podría referir. De todas maneras, el hecho de que el hombre con pelo blanco en primer plano lleve una coraza europea y que el escudo que porta el hombre a la izquierda del grupo con tocados sea metálico (se percibe la reverberación de la luz en su superficie) [18 y 19] son indicios de que la escena representada no es un primer encuentro bélico entre los indígenas y los europeos (cuanto menos el primer en-

52 Gibson (1989: 5). Véase por ejemplo el *Paisaje con San Jerónimo* (1516-1517, Museo del Prado). Se ha sugerido que los elementos del paisaje en ese cuadro pudieran inspirarse en los agudos peñascos de Namur.

53 Negrín Delgado (1995: 47). El mismo texto en AA.VV. (2003: 279).

54 Van Os *et al.* (2000: 84).

[16] Joos van Cleve (atribuido a). *San Antonio Abad.* Óleo sobre tabla, c. 1530-1537. Ala izquierda del tríptico de Nuestra Señora de la Concepción, Ermita de Nuestra Señora de las Nieves, Agaete, Gran Canaria.

[17] Jan Mostaert. *Retrato de una Mujer.* Óleo sobre tabla, c. 1520-1525, 64 × 49,5 cm. Rijksmuseum Amsterdam, inv. SK-A-3843.

cuentro de Colón con los habitantes del Caribe),[55] sino que los indígenas ya habían tomado estas piezas en un encuentro anterior.[56] Martínez de la Peña anota que "hay ciertos detalles que nos hacen pensar en las expediciones de Alonso Hernández de Lugo a Tenerife, en la última década del

55 La primera pelea entre españoles e indígenas tuvo lugar en la isla Hispaniola el 13 de enero de 1493 (Colón 1994: 115).

56 En su capítulo "De la guerra que hizo Fernando, rey de España, a la isla de Canaria", Torriani menciona que "Los canarios peleaban como soldados veteranos [...] con espadas y rodales y con otras armas que habían cogido a los cristianos en la fortaleza de Gando, y a los mallorquines muchos años antes" (1999: 177).

[18] Detalle de fig. 7.

[19] Detalle de fig. 7.

siglo xv".[57] Mientras que los españoles sufrieron un enorme descalabro en la batalla de La Matanza de Acentejo en mayo de 1494, la batalla de Aguere en noviembre del mismo año señaló el punto de inflexión en la fortuna española y, a finales del año siguiente, la batalla de La Victoria

[20] Detalle de fig. 7.

57 Martínez de la Peña (1970: 162).

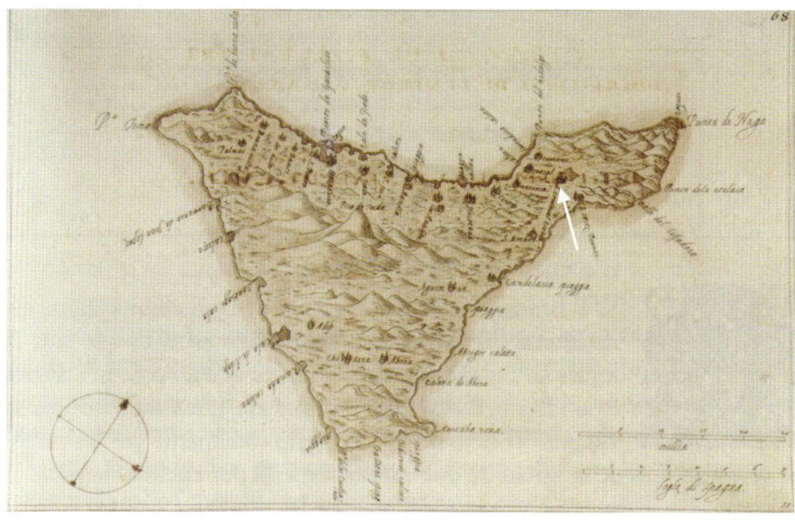

[21] La Laguna, Tenerife. Mapa en Leonardo Torriani, *Descripción de las islas Canarias.* Manuscrito. Biblioteca de la Universidad de Coimbra.

efectivamente selló la subyugación de la isla. De regreso a la península, los conquistadores cobraron sus salarios en Sevilla en marzo de 1496.

Hasta ahora nadie ha prestado atención a la presencia de un lago en la parte izquierda del cuadro [20]. La ruta desde el puerto de Santa Cruz en la costa hacia el lado norteño de la isla pasaba por la laguna (que se secó años después) del valle de Aguere, en la meseta de San Cristóbal de La Laguna [21]. Como escribió Leonardo Torriani en su relato de la conquista de Tenerife: "Mientras así disponía sus cosas, Lugo estableció los alojamientos donde hoy está la ciudad de San Cristóbal, *cerca de una laguna*".[58] ¿Podría ser una alusión a la laguna de Aguere y la batalla librada allí? En ese caso, el paisaje pedregoso y muy erosionado del cuadro podría ser el del Macizo de Anaga, en el noreste de Tenerife, y la montaña coronada de blanco sería el Teide [22 y 23].

Dos autores holandeses que han prestado atención en los últimos años al cuadro lo colocan en un contexto canario. En un artículo muy breve,

58 Torriani (1999: 237; cursiva mía). Describe esta laguna "agradable" más detenidamente en la página 244. Después de la conquista de Tenerife, Lugo estableció la capital en el lugar que hoy día se llama San Cristóbal de La Laguna. La capital fue trasladada a la actual Santa Cruz de Tenerife en 1723.

[22] Roca erosionada, Anaga, Tenerife.

[23] El volcán Teide, Tenerife.

[24] Roque Bentaiga, Gran Canaria.

Leonard Blussé ha declarado rotundamente: "Este cuadro representa no la conquista de América, sino la de Tenerife con el famoso Pico de Teide al fondo".[59] Maarten Jansen,[60] en cambio, presenta una larga y detallada defensa de una ubicación y una fecha muy específica: el ataque por la fuerza española bajo mando de Pedro de Vera al centro de resistencia grancanaria en el Roque Bentaiga [24] en el año 1483. En ese caso el lago en la parte izquierda del cuadro sería el charco mencionado por el cronista Tomás Arias Marín de Cubas en su *Historia de las siete islas de Canaria.*

Si miramos algunos detalles del cuadro más detenidamente, sugieren que se trata de más que un ataque. Si consideramos la variedad de tipos entre los indígenas, percibimos a algunos con pelo y barba blancos, otros calvos, algunos con gorros o vendas y otros sin tocado. Aun hay otros que tienen el pelo del mismo color que la paja de los techos de las cabañas. (Recordemos que los cuatro jóvenes canarios llevados por mercaderes florentinos-genoveses a Europa en 1341 tenían los cabellos rubios y largos

59 Blussé (2016).

60 M.E.R.G.N. Jansen, comunicación personal.

hasta el ombligo.)[61] Vemos que algunos están corriendo con las manos atadas a la espalda; parecen poco dispuestos a avanzar y son empujados hacia delante por sus acompañantes [25, 26, 27]. A la izquierda, una mujer intenta refrenar a un hombre armado que quiere participar en el

[25] Detalle de fig. 7.

[26] Detalle de fig. 7.

[27] Detalle de fig. 7.

61 Hernández González (1998: 38).

[28] Detalle de fig. 7.

[29] Detalle de fig. 7.

[30] Detalle de fig. 7.

encuentro violento [28]. Esta variedad de tintes sugiere que el grupo indígena no es tan homogéneo como parece a primera vista. ¿Puede ser que incluya también a algunos europeos capturados?

Por el otro lado, los hombres europeos que caminan por delante de los cañones no llevan armas y parecen avanzar con igual reluctancia que los indígenas con los brazos atados [29]. Si añadimos la presencia de una bandera blanca [30] y lo que parece ser un pañuelo blanco en las manos de una de estas personas inermes, surge la posibilidad de que la escena representada sea una tregua, tal vez convocada para intercambiar prisioneros o rehenes.[62] Sin embargo, las reglas de una tregua no han sido respetadas

62 La entrega mutua de rehenes era una práctica "normal" en las relaciones entre canarios y europeos. A pesar de lo acordado, Alonso Hernández de Lugo vendió a los 25 rehenes palmeros tomados durante la conquista de La Palma alegando una ficticia sublevación. Véase Aznar Vallejo y Tejera Gaspar (1992).

y el intercambio ha degenerado en un conflicto violento, una situación desafortunadamente bastante común en estos tipos de contactos entre dos grupos humanos que no tienen confianza en los otros.[63]

Sea como sea, la condición física del cuadro y los problemas de su interpretación vuelven frágil toda tentativa de relacionarlo con un acontecimiento específico en una localidad específica, aunque solo sea porque, en el intervalo, las intervenciones antropogénicas y las actividades volcánicas han tenido un impacto considerable sobre el medioambiente canario. Dificultades semejantes surgen si intentamos asignar una fecha al encuentro bélico representado por Mostaert. Jansen quiere fijarlo en el año 1483; Van de Waal lo interpretó como el desembarco de Colón en Guanín el 13 de enero de 1493;[64] aun menos probable es la fecha del 24 de junio de 1540 propuesta por James Snyder.[65] Por otro lado, Hugh Honour se distanció demasiado de la posibilidad de anclar el cuadro en un contexto histórico-geográfico cuando escribió: "Uno puede preferir una interpretación menos literal y ver aquí un episodio imaginario de la Conquista".[66] El cuadro de Jan Mostaert es un producto de su imaginación, sí, pero no es por ello una obra imaginaria. Para dar *couleur locale* a su composición —en otras palabras, para situarla en un paisaje exótico[67]— el artista ha seleccionado elementos iconográficos que tienen referencia a la conquista ya cumplida en el siglo XV sobre los que, probablemente, hubiera podido obtener información detallada: la conquista de las Canarias. Sin ir más allá en la busca de un contexto más específico —y hasta ahora nadie ha propuesto una ubicación en el Caribe— basta por el momento haber

63 Se recuerda el rápido deterioro en las relaciones entre los holandeses bajo el mando de Jacobo Roggeveen y los indígenas de la isla de Pascua durante el primer encuentro entre las dos poblaciones el 10 de abril de 1722: "Así se escucharon desde atrás cuatro o cinco disparos para nuestra gran sorpresa, y fuera de todas las expectativas, acompañados de unos gritos a destiempo, 'dispara', a lo que, como en un abrir y cerrar de ojos, se dispararon más de 30 tiros, quedando los indios totalmente extrañados y asustados, se arrancaron, dejando a 10 o 12 muertos, fuera de los heridos. [...] Después que se había pasado un poco la extrañeza y el susto de los habitantes, mientras veían que no continuaban las enemistades, y se les dio a conocer por señas que los muertos nos habían amenazado con atacarnos con piedras [...]" (*Dagverhaal...* 1838: 108).

64 Colón (1984: 115).

65 Snyder (1976).

66 Honour (1976: 14).

67 Mason (1998).

podido establecer que las dos islas más grandes de las Canarias —Tenerife y Gran Canaria— ofrecen una alternativa, si no una más plausible escena que la ofrecida por el continente americano.

Ya en el siglo xvi, muchas imágenes europeas viajaron a las Canarias. Muchos flamencos estaban involucrados con el cultivo de caña de azúcar en las islas desde finales del siglo xv, y resultado de su presencia es que hoy en día las islas albergan una gran cantidad de obras flamencas hechas por artistas del nivel de Joos van Cleve, Michel Coxcie, Pieter Coecke van Aelst o Ambrosius Benson.[68] La popularidad de ciertas iconografías flamencas —por ejemplo de Santa Ana, la Virgen y el Niño— es evidente en el arte barroco tanto canario como brasileño.[69] Algunos cuadros se encuentran en museos; otros están colocados en ermitas —tal como el retablo de Antón Cerezo hecho por Joos van Cleve en la ermita de Nuestra Señora de las Nieves, Agaete, Gran Canaria—, capillas, iglesias, o colecciones privadas. Para ver el *Tríptico de la Adoración de los Reyes* de Marcellus Coffermans, uno tiene que buscar el remoto pueblito de Taganana, en las faldas de Anaga, Tenerife.

La presencia de colonias mercantiles europeas en Gran Canaria durante el reinado de Felipe II contaba con una variedad de personas procedentes de distintos países: la mayoría (46%) consistía en italianos (sobre todo genoveses), seguidos por flamencos (21,3%).[70] Entre las esculturas italianas (o al menos italianizantes) podemos señalar la *Virgen de Trapani* en mármol alabastrino, obra anónima española o italiana, de c. 1530 [31][71] y tal vez un crucifijo de altar en marfil y madera policromada de los siglos xvii-xviii [32].[72] De la misma procedencia son las estatuas más grandes en mármol de Carrara de orantes en el Santuario del Cristo de

68 Negrín Delgado (1995) Obras flamencas de Jan Provoost y Joos van Cleve, entre otros, llegaron también a Madeira, casi 500 kilómetros al norte de Tenerife, aunque en la segunda mitad del siglo xvi empezó a prevalecer en la isla portuguesa un marcado gusto por las obras producidas en los talleres ibéricos. Véase Baptista Pereira y Clode de Sousa (2017).

69 Castro Brunetto (1994).

70 Lobo Cabrera (2000: 169).

71 Catedral de Nuestra Señora de los Remedios, La Laguna, Tenerife. Sobre la Virgen de Trapani, véanse Franco Mata (1983) y Cabello Díaz (2012).

72 Museo de Arte Sacro, Iglesia de Nuestra Señora de la Peña de Francia, Puerto de la Cruz, Tenerife.

[31] Virgen de Trápani. Mármol alabastrino, c. 1530. Catedral de Nuestra Señora de los Remedios, La Laguna, Tenerife.

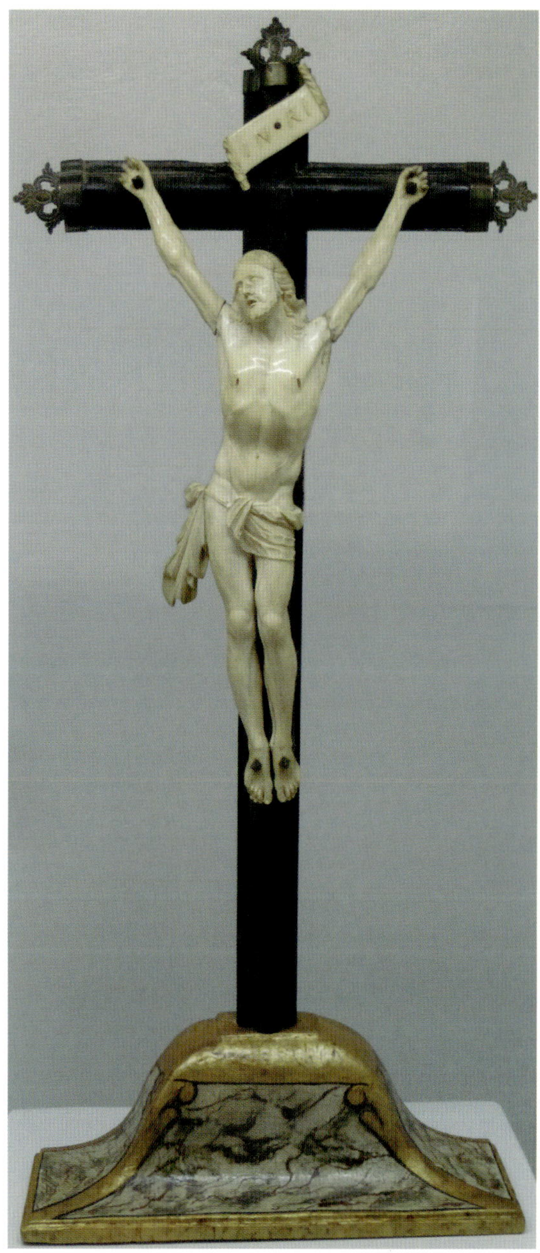

[32] Crucifijo de altar. Marfil y madera policromada. Siglos XVII-XVIII. Museo de Arte Sacro, Iglesia de Nuestra Señora de la Peña de Francia, Puerto de la Cruz, Tenerife.

Tacoronte.[73] En cuanto a la presencia de cuadros italianos, no podemos pasar por alto la *Magdalena penitente* de Domenico Fetti, firmado y fechado en 1618, es decir, pintado en el período en que el artista romano trabajaba en Mantua.[74]

Las rutas se extendían aún más, y los objetos que viajaban no se limitaban a los destinados a desempeñar una función devocional en los templos o santuarios de las islas. Platería doméstica, joyería y piedras preciosas, arte plumaria y pinturas enconchadas, piezas de carey y nácar procedentes del mundo americano desempeñaban un rol representativo en las residencias de las clases acomodadas.[75] A través de las redes de distribución de objetos de lujo de los Austrias durante los siglos XVI y XVII, que pasaban por la península ibérica, Hispanoamérica, una parte de Italia, el sur de Alemania, Austria, los reinos de Bohemia y Hungría, y los Países Bajos del sur, se exportaban biombos y bargueños de laca de Japón a Europa y escritorios fabricados en el sur de Alemania al mercado novohispano y peruano, y todos pasaban por las Canarias.[76] Si tomamos en cuenta esta expansión prodigiosa del campo de estudio, la ampliación del campo de las imágenes crece exponencialmente.

A veces resulta difícil establecer la procedencia ibérica o americana de un objeto. Por ejemplo, un jarro de pico en plata de las primeras décadas del siglo XVII, un tipo que gozó de una amplia difusión en la península, fue clasificado como una producción castellana y su marca, la de un ensayador que trabajaba México, fue interpretada como una señal de su legalización y comercialización en Nueva España. Más recientemente, sin embargo, ha sido considerado como una creación novohispana que "reproduce así, con absoluta fidelidad, el tipo de jarro castellano sin mascarón en el pico, con asa de tornapunta y ramal en ce, en uso desde principios del siglo XVII".[77]

No solo para algunos objetos, sino también para algunos artistas europeos, las Canarias funcionaban como escala o trampolín americano en su viaje desde el Viejo hacia el Nuevo Mundo. Está documentado en

73 Calero Ruiz (2008b: 158-159).

74 AA.VV. (2017: 57-58).

75 Pérez Morera (2017).

76 Sobre la transformación de los *byōbu* japoneses en biombos en México, véase Sanabrais (2015).

77 Perez Morera (2017: 24-25). La pieza pertenece a la catedral de Las Palmas, Gran Canaria.

Tenerife el caso de una familia de pintores llamados Illescas que después se establecieron en México y Perú. Otro ejemplo elocuente es la figura de Lucas Báez, procedente de una familia de maestros de albañilería y cantería originarios de Gran Canaria, quien dirigía la construcción de la ciudad y de las fortificaciones de Cartagena de Indias a principios del siglo XVII.[78] En general, los pintores, escultores y los que profesaban otro oficio en América mantenían un lazo con sus raíces, y, como veremos, no olvidaron a los cultos de sus lugares de origen, a veces mandando dinero, bultos o platería para cumplir con sus compromisos. Este tráfico de imágenes estalló en el siglo XVII: "La arribada desde la otra orilla de obras americanas fue todavía modesta durante el Quinientos, a diferencia de los siglos siguientes, cuando las Islas se vieron inundadas con plata labrada indiana, esculturas en madera policromada, lienzos y pinturas y toda clase de artes suntuarias".[79]

Aunque no participaba en el tráfico temprano trasatlántico de las imágenes, no debemos olvidar la presencia de arte indígena en las islas: petroglifos [33], pinturas murales, esculturas, etcétera. Sabino Berthelot, naturalista y cónsul de Francia en Santa Cruz de Tenerife, quien fue uno de los primeros en utilizar la fotografía con fines antropológicos en su *Histoire naturelle des Iles Canaries*,[80] describió los "caracteres jeroglíficos grabados en las rocas volcánicas de las Islas Canarias" en 1876,[81] y el año siguiente el mismo Berthelot encomendó a Ramón F. Castañeyra la adquisición de objetos del uso de los indígenas maxoreros de Fuerteventura; las piedras grandes que encontró Castañeyra en la región de Pájara le recordaban los menhires megalíticos del viejo continente.[82]

Ya en el siglo XX, fue sobre todo el artista lanzaroteño César Manrique quien diera un fuerte impulso a la revalorización del pasado indígena canario. Algunos de sus diseños de cerámica de los años 50 testimonian la influencia de motivos nativos en su obra, que le permitían unir el pri-

---

78 Fraga González (2002).

79 Pérez Morera (1998: 297).

80 Es probable que el daguerrotipista Louis Compte viera obras elaboradas con esta técnica en Santa Cruz de Tenerife en octubre de 1839, o sea, antes de la llegada de la nueva tecnología a la península y a Brasil y Uruguay. Véase Teixidor Cadenas (1999: 12-14).

81 Hernández González (1998: 133-150).

82 Ramón F. Castañeyra, "Antigüedades de Fuerteventura", *La Ilustración de Canarias*, 15 de mayo de 1883, publicado en Hernández González (1998: 195-204).

[33] Petroglifo, el Barranco de la Zarza, La Palma.

mitivismo con el modernismo. En 1950 uno de los grandes murales que pintó en el Parador Nacional de Arrecife, Lanzarote, incorporaba elementos arqueológicos prehispánicos como el petroglifo de Zonzamas, y al adquirir un piso de la calle Covarrubias del por entonces barrio madrileño de moda, Chamberí, en 1955, pintó un mural para el vestíbulo inspirado por los petroglifos canarios.[83] La inserción de Manrique en la *jetset* internacional de Andy Warhol y otros en los 60 aseguró una difusión aún más grande de sus obras, todas ellas un elogio a su tierra de origen.[84]

El análisis superficial

Los historiadores socioeconómicos en particular han documentado ampliamente el aspecto cuantitativo de este tráfico de imágenes, pero tal

83 Gómez Aguilera (2006: 27 y 53).

84 En 1960, por ejemplo, participó en la exposición *Espacio y color en la pintura española hoy*, que viajaba por Buenos Aires, Montevideo, Lima, Santiago de Chile, Valparaíso y Bogotá.

punto de partida no puede captar el significado que tenía ese tránsito para las comunidades dispersas y los distintos individuos. Como ha señalizado Carlos Castro Brunetto a propósito de las concordancias artísticas entre Canarias y Brasil: "El pensamiento artístico será quien las unifique por encima de las relaciones comerciales, factor este último que no determina necesariamente la influencia de una región sobre otra, pues conocemos la presencia en Canarias de objetos foráneos que apenas incidieron en la cultura barroca canaria".[85]

Ni siquiera el inventario de los bienes de un coleccionista nos puede enseñar tanto sobre la manera en que se apreciaban las piezas, en que se interpretaban, en que culturalmente se consumían. Así, el mismo autor atribuye la suavización en Canarias de las torturas padecidas por Cristo en los crucifijos del pleno Barroco en la península ibérica a la influencia de lo popular y devocional.[86] Sin pretender abarcar demasiado, y siendo plenamente consciente de los límites metodológicos empleados, aquí se propone una lectura microhistórica basada en un número limitado de estudios de caso. Cada uno tiene una cierta densidad específica que nos permite percibir el nudo en que varias hebras de colores distintos están enmarañadas. A veces resulta factible desembrollarlas, "leer lo que nunca ha sido escrito".[87]

En este tipo de investigación no hay objeto tan trivial que merezca el desprecio. Algunos ejemplares de la *Uccelliera* de Giovanni Pietro Olina (de hecho, la obra fue escrita por Cassiano dal Pozzo para asegurar su entrada en la prestigiosa Accademia dei Lincei romana) incluyen una imagen del pequeño canario atlántico posado en un tallo de mijo, mientras que las tres naves al fondo aluden al viaje del pajarito procedente de las islas Canarias [34]. Parece un detalle insignificante, pero no fue un viaje sin importancia: los pájaros llevados por una nave que, mientras se dirigía a Livorno, sufrió un naufragio enfrente de la costa toscana, se salvaron en la isla de Elba y, modificándose algo los colores a causa de la diversidad del nuevo hábitat, estos canarios procedieron a poblar las islas mediterráneas de Córcega y Cerdeña.[88]

---

85 Castro Brunetto (1994: 626).

86 Castro Brunetto (1994: 639). Para la península ibérica, véase sobre todo Pereda (2017).

87 La formulación deriva del ensayo "Sobre la facultad mimética" de Walter Benjamin. Continúa: "Tal lectura es la más antigua: anterior a toda lengua —la lectura de las vísceras, de las estrellas o de las danzas" (1996-2003: vol. 2, 722). Véase también Egmond y Mason (1997 y 1999).

88 Olina (1622: 7); véase también McBurney *et al.* (2017: vol. I, 178 y 184).

[34] Canário atlántico. Xilografía. En Giovanni Pietro Olina, *Uccelliera*, Roma, 1622.

En una reseña del *Origen del Trauerspiel alemán* de su amigo Walter Benjamin, Siegfried Kracauer afirma que "su varita de rabdomante atina el reino de lo discreto, el reino de lo generalmente menospreciado, el reino que la historia ha evitado, y es precisamente aquí donde acierta el mayor significado".[89] Habla de un tipo de investigación que, como la caracterizaba el propio Benjamin, llega al punto donde "incluso lo insignificante —no, *precisamente* lo insignificante— se vuelve significante".[90] Kracauer lo formula así: "El lugar que una época ocupa en el proceso histórico se determina con más fuerza a partir del análisis de sus manifestaciones superficiales e insignificantes que a partir de los juicios sobre sí misma. [...] a causa de su inconsciencia, permiten el acceso inmediato al contenido básico de lo existente".[91]

Más recientemente, en su conocido ensayo "Huellas. Raíces de un paradigma indiciario", Carlo Ginzburg ha reafirmado la importancia del detalle analizando la atención a lo aparentemente trivial en el método de Giovanni Morelli, Sherlock Holmes y Sigmund Freud.[92] Los "çapatos de muger de la china de rasso azul y la suela de los mismo forrados en lienço" adquiridos en la subasta de los bienes de la emperatriz viuda María de Austria por el tercer duque de Alcalá a finales del siglo XVI son testimonio importante de la existencia de estas redes de circulación de bienes de lujo,[93] pero la circulación de imágenes por las mismas rutas es igualmente elocuente. Hasta los pequeños bordados que María Estuardo decoraba con animales americanos para pasar los largos años de su cautiverio en Inglaterra —tras haber sido obligada a abdicar del trono escocés

89 "The divining rod of his intuition hits upon the realm of the inconspicuous, upon the realm of the generally deprecated, upon the realm that history has passed over, and it is precisely here that it discovers the greatest significance" (Kracauer 1995: 262).

90 "Even the insignificant —no, *precisely* the insignificant— becomes significant". En una reseña del primer volumen de *Kunstwissenschaftliche Forschungen*, Benjamin (1996-2003: vol. 2, parte 2, 668).

91 "The position that an epoch occupies in the historical process can be determined more strikingly from an analysis of its inconspicuous surface-level expressions than from that epoch's judgments about itself [...] by virtue of their unconscious nature, [they] provide unmediated access to the fundamental substance of the state of things" (Kracauer 1995: 75). En una apreciación de Georg Simmel, Kracauer explica cómo el filósofo avanzaba de la superficie, del evento más trivial, para llegar a los poderes y esencialidades espirituales/intelectuales que forman sus substratos (1995: 253).

92 Ginzburg (1990).

93 Pieper (2012: 111).

en 1567, María pasó varios años recluida en una serie de castillos y residencias rurales hasta su degollamiento en el año 1587— son testimonios de su interés por el Nuevo Mundo y de la difusión de las imágenes del mismo.[94]

Como veremos al considerar las representaciones y las propiedades singulares de algunos árboles que están fuertemente arraigadas en las tradiciones populares canarias, hay una dialéctica continua entre objeto e imagen. No hay mejor modo de demostrar dicha convergencia entre objeto e imagen que un caso literalmente desenredado por un equipo liderado por Amador Marrero y Besora Sánchez en el año 1998: el del Santísimo Cristo del Altar Mayor de la basílica de San Juan Bautista en Telde, Gran Canaria.[95] A diferencia de los otros llamados Cristos de maíz,[96] la obra, de tamaño natural (mide 180 cm de altura), fue realizada principalmente con papeles superpuestos y *tatzingüe*, una pasta preparada con los bulbos de una orquídea silvestre que crece en las inmediaciones del lago de Pátzcuaro. En base a la presencia de este material, los investigadores han atribuido la obra al taller de Matías de la Cerda en Michoacán, México, y la han fechado a mediados del siglo XVI. Nuestra sorpresa aumenta cuando descubrimos que entre los papeles utilizados se encontraron códices pintados provenientes no de la región michoacana, sino del centro de México como material de reciclaje. Así, el Cristo mismo se revela un palimpsesto en el cual se han inscrito varias historias europeas, canarias y mexicanas.

Las imágenes pueden recorrer largas distancias en sus viajes, tanto en el espacio como en el tiempo. Con respecto al segundo, en su conocido ensayo de 1921 "La tarea del traductor" —escrito como prólogo a la traducción de los *Tableaux parisiens* de Charles Baudelaire publicada dos años después— Walter Benjamin sostenía:

> La traducibilidad conviene particularmente a ciertas obras, pero ello no quiere decir que su traducción sea esencial para las obras mismas, sino que en su traducción se manifiesta cierta significación inherente al original. Es evidente que una traducción, por buena que sea, nunca puede significar nada para el original;

94 Bath (2008); Mason (2015).

95 Para el análisis técnico de este Cristo de Michoacán y una discusión de otros llamados cristos de pasta de maíz localizados en las Canarias, véanse Amador Marrero y Besora Sánchez (1998) y Santos Gómez (1994). Para el uso de los pegamentos derivados de las orquídeas, véase Berdan, Stark y Sahagún (2009).

96 Hernández Socorro (2000: 54, 102, 120, 122, 260, 296).

> pero gracias a su traducibilidad mantiene una relación íntima con él. Más aún: esta relación es tanto más estrecha en la medida que para el original mismo ya carece de significación. Es una relación que puede calificarse de natural y, más exactamente aún, de vital. Así como las manifestaciones de la vida están íntimamente relacionadas con todo ser vivo, aunque no represente nada para este, también la traducción brota del original pero no tanto de su vida como de su "supervivencia", pues la traducción es posterior al original. Y, sin embargo, para las obras importantes que nunca encuentran a sus traductores adecuados en la época de su creación, indica la fase de su supervivencia. La idea de la vida y de la supervivencia de las obras debe entenderse con un rigor totalmente exento de metáforas. [...] Las traducciones no son las que prestan un servicio a la obra, como pretenden los malos traductores, sino que más bien deben a la obra su existencia. La vida del original alcanza en ellas su expansión póstuma más vasta y siempre renovada.[97]

Aquí tomamos seria y literalmente, es decir, con un rigor totalmente exento de metáforas, su idea de la vida y de la supervivencia de las obras, añadiendo que la noción de supervivencia implica también la posibilidad de *los viajes* de las obras, visto que, en general, las traducciones aparecen en lugares que no coinciden con el lugar en que fue concebido o escrito el original.

Una idea de la posible envergadura de la difusión de imágenes a través del océano Atlántico la ofrecen los tapices gobelinos *Anciennes Indes*, producidos desde la *editio princeps* de 1688 hasta ser remplazados por la serie de las *Nouvelles Indes*, cuya producción continúa hasta las primeras décadas del siglo XIX. La primera serie está basada en bocetos atribuidos al pintor holandés Albert Eeckhout, quien había pasado ocho años en el noreste de Brasil como miembro de la comitiva del gobernador de la colonia holandesa allí, Juan Mauricio de Nassau, entre 1637 y 1644. Las imágenes hechas en América por Albert Eeckhout, Frans Post y otros pasaron a los Países Bajos, de donde a su vez fueron redistribuidas entre otras cortes europeas.[98] De modo indirecto, sin embargo, a través de las sucesivas ediciones de los gobelinos, el cuerpo cada vez más grande y la diversidad de la información visual llegó, en una forma muy filtrada y distorsionada, a una gran cantidad de localidades de Europa, Estados Unidos, Rusia e incluso China. Llegó al punto de incluir un árbol canario, el drago, en un

97 Benjamin (1996-2003: vol. I, 254-255).

98 Por ejemplo, las siete pinturas hoy existentes producidas por Frans Post en Brasil se encuentran en el Musée du Louvre, París. Véase Corrêa do Lago y Ducos (2005).

tapiz de la serie *Nouvelles Indes* en 1776.[99] (Este último probablemente no hubiera disgustado a Albert Eeckhout, ya que resulta difícil imaginar que no hubiera visto un drago durante su paso por Tenerife y las Canarias en 1636.) Algunas de estas producciones francesas están ahora "de vuelta" en Brasil. Tras haber visto una serie de las *Nouvelles Indes*, probablemente en Bohemia, el artista austriaco Johann Wenzel Bergl (1718-1789) desarrolló y extendió los temas de los tapices para la decoración pintada del pabellón barroco de los jardines de la abadía de Melk, poco distante de Viena, y otros edificios en la zona. Sin duda, la vida de estos originales ha alcanzado en sus posteriores traducciones visuales su expansión póstuma más vasta y siempre renovada.[100]

Armados con estos elementos —el concepto de las vidas y de los viajes de las obras—, en estos estudios de caso los aplicamos a las obras visuales, es decir, a las imágenes.[101] Pues cada imagen tiene una fecha y un lugar de nacimiento, tiene una vida más o menos visible, puede viajar, y puede sobrevivir su propia existencia física. En este sentido, como documento de la vida de una imagen, un grabado de un artista de la talla de Martin Schongauer no vale, ni más ni menos, que una fotografía anónima del siglo XIX o XX.

99 Klatte *et al.* (2016: Abb. II/4).
100 Whitehead y Boeseman (1979: 107-140); Klatte *et al.* (2016).
101 Mason (2001).

Capítulo I

El drago milenario de Tenerife

El drago en el arte europeo

Empezamos, como empieza la Biblia, con el libro del Génesis. Uno de los cuadros más conocidos del Museo del Prado es, sin duda, el tríptico *El Jardín de las Delicias* de El Bosco, obra fechada alrededor del año 1500. El ala izquierda se ha interpretado de varias maneras, como *La creación de Eva* o *La Boda de Adán y Eva*, pero comoquiera que se entienda, no hay duda posible de que la escena representa el Jardín del Edén. Y entre los diversos árboles que se encuentran en este jardín destaca uno, bajo el cual está sentado Adán. Su forma tan singular nos permite identificarlo como *Dracaena draco*, es decir, el drago canario [1].[1]

Hoy en día Tenerife y Gran Canaria son las únicas islas del archipiélago donde subsisten dragos en estado silvestre, aunque la difusión del drago cultivado como planta ornamental se ha extendido a todos los continentes con un clima compatible con su sobrevivencia. Hay dos tipos de drago endémicos de las Canarias: el *Dracaena tamaranae* [2], exclusivo de la isla de Gran Canaria, que ha permanecido ignorado para la ciencia hasta el año 1998; y el mejor conocido *Drago dracaena* [3], característico de Tenerife y desde 1991 símbolo oficial de la isla.[2] Según Gaspar Frutuoso, oriundo de la isla de São Miguel, en las Azores, los dragos se consideraban árboles reales, por lo tanto nadie tenía permiso para cortarlos e, incluso si alguno tenía

---

1 La monografía más exhaustiva dedicada al drago desde el punto de vista botánico es la de Casper (2000).

2 Ley 7/1991, de 30 de abril, de símbolos de la naturaleza para las islas Canarias (B.O.C. 61, de 10.5.19991: c.e.B.O.C. 70, de 24.5.1991). En base a la misma ley, la palmaria canaria *Phoenix canariensis* es el símbolo de todo el archipiélago canario.

[1] El Bosco, ala izquierda del *Jardín de las Delicias*, c. 1500. Óleo sobre tabla. Museo del Prado, Madrid.

[2] *Dracaena tamaranae.*

[3] *Drago dracaena.*

ejemplares en sus propiedades, no los podía usar para confeccionar escudos o cuencos, sino solo de aquellos que algún viento huracanado había arrancado. La goma extraída del árbol, sangre de drago, tenía varios usos medicinales y servía para proteger las armas de la herrumbre.[3] Ya en la Antigüedad, los griegos, romanos y árabes utilizaban la sangre de drago como tinte y para aplicaciones medicinales,[4] y la *sanguis draconis* continuó formando parte de la materia médica hasta el siglo xvii.[5] El viajero francés André Thevet describe el método para extraer la resina del árbol en Madeira, y la compara con el cinabrio descrito por Dioscórides.[6] El botánico flamenco Charles de l'Écluse menciona una pieza de resina solidificada, recibida del conciudadano, boticario y mercader de especias Peter Garet, que era tan pura y clarificada que estaba convencido de que debía de ser sangre de drago.[7]

El árbol drago debe su nombre a la creencia de que los dragones se transforman en árboles al morir. En la mitología, el archipiélago canario

3 Frutuoso (2004: 150-151).

4 La sangre de drago se extraía de un número de árboles diferentes en el sur de Asia, las Indias Occidentales y Orientales y el Caribe, por lo cual no resulta siempre posible asociar la goma con el drago canario; véanse la importante obra de la farmacéutica Agnostou (2000: 311-313) y Casper (2000: 18-21).

5 Para su uso en la materia médica del siglo xvii, véanse, por ejemplo, MacGregor, Mendonça y White (2000: 162); MacGregor y Hook (2006: 110 y 154).

6 Thevet (1558: 14v); Laguna (1556: 539-540).

7 Clusius (1605: 82). Sobre los contactos entre Charles de l'Écluse y Peter Garet, véase Egmond (2010: 175).

formaba parte del cuerpo de las utopías del descubrimiento que incluían el Jardín de las Hespérides.[8] Según algunos, este jardín sería el valle de La Orotava, en Tenerife, y el árbol del drago sería el dragón temible que custodiaba las manzanas de oro que Hércules debía buscar. De hecho, en el escudo de La Orotava, por debajo de la corona de los reyes católicos, se percibe la coexistencia de dos dragones vivos con un dragón muerto metamorfoseado en árbol drago. Las cuatro manzanas guardadas por los dragones aluden a su vez a las manzanas de oro del Jardín de las Hespérides y a los cuatro pueblos del valle de La Orotava [4].

Estamos bien informados sobre la vida del drago más antiguo de La Orotava. De más de 20 metros de altura cuando Alejandro von Humboldt lo vio en el año 1810, se encontraba frente a una palmera de la época anterior a la conquista en el jardín del mercader irlandés don Juan Cologán de Franchy, marqués del Sauzal, en el valle de La Orotava. Como ha escrito Martín

[4] Escudo de La Orotava, Tenerife.

8 Martínez Hernández (1992: 105-125).

López: "La posesión del jardín con su drago milenario o la grandilocuencia de su arquitectura superaba el protagonismo de la familia en el ámbito insular, sirviendo de escenario para muchas recepciones oficiales, como la brindada por España a la Embajada de Gran Bretaña rumbo a Oriente".[9]

En 1792 cabía bajo sus ramas una mesa para doce invitados para celebrar una cena en honor de lord Macartney y, cuatro años después, André Pierre Ledrú lo llamó "el drago más bello de todas las islas, y quizás del mundo". Sin embargo, una de sus ramas fue arrancada por una ráfaga de viento en 1819. Un dibujo del árbol —con el pico del Teide al fondo— hecho por Maria Graham dos años más tarde muestra los efectos del temporal [5]. La mitad de lo que quedaba fue llevada por un huracán o ciclón tropical en noviembre de 1826,[10] el tronco fue dañado cuando se llevó una

[5] Maria Graham. Drago y pico del Teide. Aguatinta por Edward Finden. En Maria Graham, *Journal of a Voyage to Brazil…*, Londres, 1824. © Trustees of the British Museum.

9 Martín López (2006: 1358).

10 Bethencourt-González y Dorta-Antequera (2010); Browne (1834). El naturalista estadounidense Daniel Jay Browne llegó a Tenerife en el año 1833.

parte al Museo Botánico de Kew, Londres, y el árbol acabó totalmente destruido por un huracán en 1867.[11] Sin embargo, queda inmortalizado en las imágenes que lo han sobrevivido, desde dos estampas grabadas en Londres por Simon Cattoir sobre un boceto de Sigmund Freudenberg hacia 1770, hasta las siete fotografías estereográficas del drago de La Orotava obtenidas por el Astronomer Royal for Scotland Charles Piazzi Smyth —quien propugnaba la Gran Pirámide de Gizeh como el meridiano—[12] y su mujer Jessie durante la expedición científica que realizaron a Tenerife en el verano de 1856.[13] Dos grabados reproducidos por Von Humboldt lo representan en su esplendor original [6] y después del temporal de 1819 [7].

[6] Pierre Antoine Marchais. Drago de La Orotava, Tenerife. Grabado por Louis Bouquet. En Alejandro von Humboldt, *Vues des cordillères et monumens des peuples indigènes de l'Amérique*, Paris, 1810.

11 La discusión más completa, en Barrios García (2012).

12 Washburn (1982).

13 Dos de estas fotografías fueron publicadas por Piazzi Smyth (1858); de hecho, fue la primera publicación impresa que incluyó fotografías estereoscópicas; véase Teixidor Cadenas (1988: 33-39).

[7] J.J. Williams, Drago de La Orotava. Grabado por Mercier. En Alejandro von Humboldt, "Le dragonier d'Orotava", *La Belgique Horticole* 2, 1852, 79-86, lámina 12.

[8] El escudo de La Orotava. Arena volcánica, 2005.

[9] Pintura mural, estación de buses, La Orotava.

[10] Drago milenario de Icod de los Vinos, Tenerife.

Hoy día, el drago canario aparece en una gran cantidad de formas visuales diferentes: reproducido en arena volcánica enfrente del ayuntamiento de La Orotava [8], en la decoración de quioscos, en envoltorios, e incluso en el arte popular [9]. Como señalaba el gran historiador del arte Aby Warburg, no hay nivel artístico que nos resulte indigno.[14] En la actualidad, el drago más anciano es el de Icod de los Vinos, Tenerife [10], el llamado drago milenario, que podría tener 500 años, o sea, contemporáneo del primer viaje de Cristóbal Colón, que pasó por las Canarias en su búsqueda del nuevo continente. Ya fue mencionado en 1503 en los títulos que daban posesión de una propiedad al grancanario Pablo Martín por su participación en la conquista de Tenerife: "943. Pablo Martín. Un

14 Véase el artículo de 1897 que dedicó Warburg a la literatura popular publicada con ilustraciones en libros baratos (*chapbooks*) en los Estados Unidos (Warburg 1999: 703-710).

[11] Michel Wolgemut y Wilhelm Pleydenwurff. *Adán y Eva en el Jardín del Edén.* Xilografía. En Hartmann Schedel, *Weltchronik*, Nuremberg, 1493.

asiento de colmenas en Ycode atrás de un drago grande hacia Dabte en una fuente que está ahí, como es costumbre".[15]

Pero volvamos al tríptico de El Bosco. A pesar de todo, la distribución natural del drago canario se limita esencialmente a los archipiélagos de las Canarias, Madeira y Cabo Verde. Resulta entonces poco probable que un artista holandés como El Bosco hubiera visto un árbol drago en persona. Sin embargo, es impresionante que reproduzca la forma característica de las ramas bifurcadas, que parecen una ristra de salchichas. ¿De dónde sacó esta imagen?

Alrededor de una década antes de la pintura de El Bosco, Adán y Eva en el Paraíso bíblico fueron representados en uno de los 1.809 grabados en madera hechos por Michel Wolgemut y Wilhelm Pleydenwurff para ilustrar el *Liber cronicarum* del humanista, astrónomo y médico Hartmann Schedel de Núremberg [11].[16] Esta obra, una de las más conocidas y difundidas publicaciones del siglo xv, fue impresa en tiradas de más de 1.000 ejemplares. Landau y Parshall han comparado el grabado del *Liber cronicarum* con uno que representa el mismo sujeto y fue diseñado para un texto devocional, el *Schatzbehalter*, publicado solo dos años antes, en 1491, para subrayar las diferencias estilísticas entre ambos,[17] pero lo más importante en el presente contexto es que la vegetación genérica del grabado del *Schatzbehalter* no corresponde en nada a la especificidad de la palmera datilera y del drago inequívocamente representados en el *Liber cronicarum*.

Varios autores han intentado descifrar el simbolismo del árbol en la composición de El Bosco.[18] Dado que algunas fuentes justificaban la identificación de las Canarias con las Islas Afortunadas de la Antigüedad clásica,[19] y puesto que se pensaba que el archipiélago representaba el Paraíso,[20] no resulta extraño encontrar una de las primeras representaciones visuales del árbol drago en una escena que representa a Adán y Eva en el Paraíso bíblico. La probada estancia permanente de El Bosco en su taller de la ciudad de 's-Hertogenbosch, sin viajar nunca al extranjero, excluye la posibi-

15 Serra Ráfols (1978: II, 188). Los *Libros de Datas* se encuentran en el Archivo Municipal de San Cristóbal de La Laguna, Tenerife.

16 Schedel (2001: 7). El título es una convención, ya que el autor no dio uno a su obra. Para la colección gráfica de Schedel, véase Hernad (1990).

17 Landau y Parshall (1994: 39).

18 Para una visión general, véanse Marijnissen y Ruyffelaere (1987) y Paz-Sánchez (2004).

19 Martínez Hernández (1992: 73-85).

20 Martínez Hernández (1992: 87-103).

[12] Martin Schongauer. *La Huida a Egipto.* Grabado, c. 1470. Albertina, Viena.

lidad de un encuentro cercano con un drago canario; su conocimiento de la morfología del drago derivaba, pues, del grabado en la obra de Schedel.

Sin embargo, la imagen más antigua de un drago que conocemos es la que se representa en un grabado de Martin Schongauer de *La Huida a Egipto*, fechado alrededor de 1470 [12],[21] fecha en que la relación comercial abierta entre las islas atlánticas y algunos puertos europeos ya propiciaba una comunicación de noticias e informaciones. El episodio se narra en el capítulo 20 del Evangelio apócrifo del Pseudo-Mateo, cuando, durante el tercer día de la huida, la Sagrada Familia se encontró con una palmera datilera. Las ramas fructíferas, sin embargo, estaban fuera del alcance de José:

> Entonces el niño Jesús, que descansaba, con la figura serena y puesto sobre las rodillas de su madre, dijo a la palmera: "Árbol, inclínate, y alimenta a mi madre con tus frutos". Y a estas palabras la palmera inclinó su copa hasta los pies de María, y arrancaron frutos con que hicieron todos refacción. Y, no bien hubieron comido, el árbol siguió inclinado, esperando para erguirse la orden del que lo había hecho inclinarse. Entonces le dijo Jesús: "Yérguete, palmera, recobra tu fuerza, y sé la compañera de los árboles que hay en el paraíso de mi Padre. Descubre con tus raíces el manantial que corre bajo tierra, y haz que brote agua bastante para apagar nuestra sed". Y en seguida el árbol se enderezó, y de entre sus raíces brotaron hilos de un agua muy clara, muy fresca y de una extremada dulzura. Y, viendo aquel agua, todos se regocijaron, y bebieron, ellos y todas las bestias de carga, y dieron gracias a Dios.

De acuerdo con el texto, en algunas versiones la palmera inclina su copa en obediencia a las palabras del Niño Jesús.[22] En otras, como en el grabado de Schongauer, son los ángeles quienes dan una mano solidaria. Un toque exótico aparece en el paisaje egipcio, no solo por la presencia de la palmera, sino también por los tres lagartos de la parte izquierda de la composición: uno sube y otro baja el tronco de un árbol, mientras que un tercero se acerca al mismo. Posado en la frondosa copa se percibe un papagayo, otro ícono de lo exótico. Pero lo más notable de todo es que ese tronco y esa copa pertenecen a un drago en flor.

Un pequeño dragón y una palmera datilera aparecen en la tercera pilastra de la fachada del Duomo de Orvieto delante de los pies del asno en la parte que corresponde al episodio de la Huida a Egipto [13]. Tal vez la

---

21 Koch (1976).

22 Por ejemplo, en una miniatura de Jean Colombe en las *Très Riches Heures du Duc de Berry*, fol. 57r.

[13] *La Huida a Egipto.* Duomo, Orvieto, c. 1330.

presencia tanto de estos ejemplares y de los tres lagartos en la escena de la huida sea otra alusión al mismo Evangelio apócrifo:

> XVIII. 1. Habiendo llegado a una gruta, y queriendo reposar allí, María descendió de su montura, y se sentó, teniendo a Jesús en sus rodillas. Tres muchachos hacían ruta con José, y una joven con María. Y he aquí que de pronto salió de la gruta una multitud de dragones, y, a su vista, los niños lanzaron gritos de espanto. Entonces Jesús, descendiendo de las rodillas de su madre, se puso en pie delante de los dragones, y estos lo adoraron, y se fueron. Y así se cumplió la profecía de David: Alabad al Señor sobre la tierra, vosotros, los dragones y todos los abismos.
>
> 2. Y el niño Jesús, andando delante de ellos, les ordenó no hacer mal a los hombres. Pero José y María temían que el niño fuese herido por los dragones. Y Jesús les dijo: "No temáis, y no me miréis como un niño, porque yo he sido siempre un hombre hecho, y es preciso que todas las bestias de los bosques se amansen ante mí".

Las pilastras de la fachada han sido atribuidas a Lorenzo Maitani de Siena, quien fue nombrado *universalis caputmagister* del diseño y de la ejecución de los bajorrelieves de la fachada desde 1310 hasta su muerte en 1330, o a un seguidor, apodado el "maestro sutil".[23] Mientras que los pájaros esculpidos en los árboles y las vides son muy realistas, el drago pa-

23 Tigler (2002: 18). Bellosi (2004: 29-36) identifica al "maestro súbtil" con el propio Maitani.

[14] Alberto Durero. *La Huida a Egipto.* Xilografía, c. 1503-5. © Trustees of the British Museum.

rece haber salido de las páginas de un bestiario medieval.[24] A pesar de estas diferencias estilísticas, tal vez la presencia de una palmera y un dragón en una representación de la Huida a Egipto haya facilitado la sustitución del dragón por un árbol drago.

El grabado de Schongauer sirvió rápidamente como modelo para varios artistas. Es la fuente de la representación de la Huida a Egipto pintada al dorso del ala izquierda de un tríptico flamenco de los milagros de Cristo de circa 1492 que se conserva en la National Gallery of Victoria,[25] y de una tabla a óleo de la Escuela de Colonia, hecha aproximadamente en la misma época en que El Bosco estaba pintando su tríptico, hoy en día en el Courtauld Institute, Londres.[26]

De circa 1504 data un grabado de Alberto Durero con el tema de la Huida a Egipto, uno de los 17 que componen la *Vida de la Virgen* [14].[27] Llama la atención el hecho de que, pese a que Durero acreditó siempre rigor en la ilustración del mundo natural, su drago resulte menos "científico" que el de Schongauer. Claro que la vegetación y los lagartos tropicales no tienen mucho que ver con Egipto; sirven aquí para denotar un ambiente de tipo más general y genérico: el paisaje exótico.[28] Encontramos la yuxtaposición de varios componentes de lo exótico en otra representación de la Huida a Egipto, esta en el *Libro de horas* hecho por António da Holanda para el rey Manuel de Portugal. La presencia de un elefante, un rinoceronte y algunos camellos en el borde de la misma página es sintomática del intenso interés del monarca portugués por los animales exóticos que provenían de las periferias de su reino en continuo crecimiento.[29]

Además del Jardín del Edén y la Huida a Egipto, otra aparición de un drago al lado de una palmera está relacionada con un texto bíblico, el Apocalipsis: "Yo Juan, vuestro hermano, y participante en la

24 Cervini (2002: 42).

25 Conway (1922); Hoff (1961).

26 Lee Bequest, Courtauld Institute, P. 1947.LF.68. El ídolo que cae de una columna en el fondo de la composición alude a otro episodio narrado en el Evangelio apócrifo del Pseudo-Mateo: cuando la Sagrada Familia entró en un templo pagano en Egipto, los ídolos cayeron de los altares. Fue ilustrado por los hermanos Limbourg en la primera década del siglo xv en las *Belles Heures de Jean de Berry*, folio 63r.

27 Bartrum (1995: 35); Unverfehrt (1997: cat. núm. 89).

28 Gibson (1989).

29 Bedini (1997: 199); Pimentel (2010).

[15] Hans Burgkmair el Viejo. *San Juan en Patmos.* Óleo sobre tabla. 1518. Bayerische Staatsgemäldesammlungen, Múnich.

tribulación y en el reino, y en la paciencia de Jesucristo, estaba en la isla que es llamada Patmos, por la palabra de Dios y el testimonio de Jesucristo".[30] Cuando Hans Burgkmair de Augsburgo, quien había sido aprendiz de Schongauer, retrató al santo en la isla de Patmos en el año 1518, incluyó un drago canario en la tabla central (continuado en el ala derecha) del tríptico de dicha escena bíblica [15]. Aunque Martin Schongauer, Alberto Durero y El Bosco hicieron representaciones de San Juan en Patmos, ni los grabados de los artistas alemanes ni el cuadro del flamenco contienen un drago canario en este escenario. El árbol no es el único elemento exótico en la pintura: la presencia de un guacamayo sudamericano (*Ara nobilis*) resulta particularmente extraña en una escena mediterránea, siendo Patmos una isla griega.[31] Obviamente tiene más importancia lo llamativo del exotismo que la

---

30 *Apocalipsis* 1:9.

31 Honour (1982: 36); Casper (2000: 65). Una liebre al estilo de Durero al lado del drago, en la actualidad ocultada por el cuadro, es una añadidura del siglo XVII, véase Korenyi (1985: 132).

[16] Tapiz flamenca, c. 1700. National Museum of Scotland, Edimburgo (A.1956.1439).

precisión geográfica.[32] Lo mismo se puede decir del fragmento de un tapiz de Oudenaarde, Flandes, de hacia 1700, que representa tanto a un bisonte[33] (norteamericano) como a un drago canario [16].[34] Y con el avance de los años el drago canario se encuentra en compañía cada vez más heterogénea y exótica: en el siglo XVIII, cuando el drago como árbol ornamental había ya entrado en jardines lejos de las Canarias, encontramos un drago "macho" en el tapiz *Le chasseur indien*, basada en un diseño de Alexandre-François Desportes.[35] Los tapices de las *Nouvelles Indes* tienen sus raíces en las obras pintadas por el artista Albert Eeckhout y otros holandeses que habían permanecido en Brasil en el segundo cuarto del siglo XVII, pero las elaboraciones sucesivas de ese cuerpo iconográfico demuestran, como hemos visto en la Introducción, un grado de exotismo y globalización cada vez más expansivo y menos geográficamente específico.[36]

El drago en el mundo científico

Para resumir, hasta ahora hemos encontrado representaciones del drago en tres contextos bíblicos: Adán y Eva en el Jardín del Paraíso, la Huida a Egipto y San Juan en la isla de Patmos, todas ellas, en otras palabras, escenas con fuertes connotaciones simbólico-religiosas. Ninguna de estas escenas tiene relación con las Islas Afortunadas; en cada instancia, el drago canario resulta ser una infelicidad, un cuerpo extraño que se encuentra en un contexto iconográfico ajeno.

Sin embargo, no solo en el mundo del arte se encuentra el drago. Una de las primeras descripciones europeas de un drago canario es más o menos contemporánea del *Jardín de las Delicias*. En noviembre de 1494 el médico alemán Jerónimo Münzer, que estaba viajando por la península ibérica, llegó a Lisboa. Tras mencionar un enorme cocodrilo colgado en el coro del monasterio de la Santísima Trinidad —un objeto tan ajeno a su contexto como el drago canario en las escenas

32 Mason (1998: 16-41).

33 La imagen del bisonte puede reflejar la de un llamado toro salvaje en el capítulo 74 de los *Singularitez de la France Antarctique* de André Thevet (1557).

34 El tapiz está en los National Museums of Scotland, Edimburgo (A.1956.1439).

35 La identificación de la *Dracaena draco* en Klatte *et al.* (2016: 227).

36 Las palabras "exotismo" y "globalización" refieren al título de Klatte *et al.* (2016).

bíblicas—,[37] indica la presencia de un gran árbol llamado dragón, que destila un jugo bermejo como la sangre del dragón en el mismo lugar. Efectivamente, el drago canario no es un árbol, sino una especie vegetal con las características peculiares de no formar anillos en el tronco —lo que complica la tarea de dar una fecha a los ejemplares viejos— y de exudar una savia de color rojo, la llamada sangre de dragón utilizada en la farmacopea europea.

Continúa Münzer: "En el monasterio de San Agustín [...] hay también otros tres árboles del dragón. Uno de ellos era descomunal, y dos hombres apenas si pueden abarcar su tronco. Es alto como un pino, y su copa se divide en muchas ramas grandes con internodios, como la raíz del ácoro [...]".[38] Setenta años después, el botánico flamenco Charles de l'Écluse (Carolus Clusius) acompañaba a un joven miembro de la rica familia mercantil Fugger de Augsburgo en su viaje por la península. El resultado del periplo fue la obra titulada *Descripción de algunas plantas raras encontradas en España y Portugal*, pero su publicación tuvo que esperar hasta 1576 a causa de la Guerra de Flandes. El primer capítulo del libro está dedicado al árbol drago, ya que, según el mismo Clusius, "es muy raro, sobre todo en nuestra Europa, y, si no me equivoco, desconocido por los botánicos". Describe cuidadosamente las características físicas del árbol y continúa:

> La primera vez que vi este árbol fue en Lisboa, en el año 1564 de la salvación humana, en la parte posterior de un Monasterio dedicado a la Santísima Virgen que llaman de Gracia. Tenía ocho palmos de grosor. Los monjes lo desconocían y no lo apreciaban, asegurando que no producía flores ni fruto. Sin embargo, posteriormente descubrí que la realidad era muy distinta, cuando el año siguiente un amigo me regaló una rama, o racimo, arrancada de este mismo árbol. Esta rama (que aun hoy conservo en mi casa con algunas hojas, un trozo de corteza y una lágrima que yo mismo arranqué con mis manos) tiene un pie o más de largo y a ella se adhieren otras ramas pequeñas cargadas de abundante y compacto fruto arracimado.[39]

37 Un cocodrilo y el colmillo de un elefante colgaban del techo de la capilla del Lagarto de la catedral de Sevilla; véase Von Schlosser (1978: 19-23). Otro cocodrilo fue suspendido del techo del santuario de Santa María delle Grazie en Curtatone, Italia; véase Prandi (2006). El cardenal boloñés Gabriele Paleotti proyectaba dedicar un capítulo de una obra no acabada a la práctica de suspender cocodrilos y otros objetos exóticos en las iglesias; véase Lugli (1998: 53 n. 24).

38 Münzer (1991: 173).

39 Clusius (2005: 70).

[17] Charles de l'Écluse, *Rariorum aliquot stirpium per Hispanias observatarum historiae*, Amberes, 1576.

Clusius concluye la descripción del árbol con un elenco de sus propiedades medicinales: el fruto se recetaba para las fiebres, y su lágrima tenía propiedades astringentes y era buena para las mujeres, así como para los flujos de la disentería, para los esputos cruentos, para fijar los dientes que se mueven y para robustecer las encías.[40]

La descripción de Clusius fue acompañada de un grabado en que se ven los detalles del trozo de corteza y del racimo con fruto, al lado de una imagen del árbol entero, aunque no se observan las proporciones de las distintas partes en relación la una a la otra [17].[41] Aún se conservan tanto el bloque de madera utilizado para imprimir la xilografía como el dibujo preliminar.[42] Así que el drago canario fue admitido por primera vez en el corpus botánico europeo con un retraso apreciable, un siglo después de su entrada en la iconografía europea a través del grabado de la *Huida a Egipto* de Martin Schongauer. La imagen clusiana del drago estaba destinada a tener una vida larga. No sorprende que el grabado de un drago en la *Plantarum seu stirpium historia* de Mathias de L'Obel, que practicaba la medicina en Amberes cuando se publicó su libro en 1576, sea idéntico al grabado del árbol en el libro de Clusius publicado dos años antes, ya que el mismo Christoffel Plantijn editó ambos volúmenes en Amberes.[43]

Cuando fue reutilizado en el año 1597 en el *Herball or Generall Historie of Plantes* del botánico británico John Gerard, quien cultivaba un jardín en Holborn, Londres,[44] el editor lo yuxtapuso con una imagen del fruto del árbol, mostrando el dragón que estaba dentro [18].[45] Dos años antes de la publicación de la flora ibérica de Clusius, el médico sevillano Nicolás Monardes había publicado su *Historia medicinal de las cosas que se traen de nuestras Indias Occidentales que sirven en Medicina* [19].[46] Relata que, en conversación con el obispo de Cartagena, su eminente visitante le dijo:

---

40 Clusius (2005: 72).

41 Sobre esta técnica de ilustración artístico-científica, véase Egmond (2017: Parte II).

42 El bloque de madera (Museum Plantin-Moretus, Antwerpen, cat. nº HB 5225) está reproducido en De Nave y Imhof (1993: 133). El dibujo preliminar, atribuido a Van der Borcht, se encuentra en *Libri Picturati* A.23, folio 28, Biblioteca Jagiellonska, Krakow. Véase también Egmond (2005).

43 M. Lobelius, *Plantarum seu stirpium historia* (1576: 639).

44 Harkness (2007).

45 Gerard (1597: 1340).

46 Sobre Monardes y su publicación, véase Pardo Tomás (2002: 77-126).

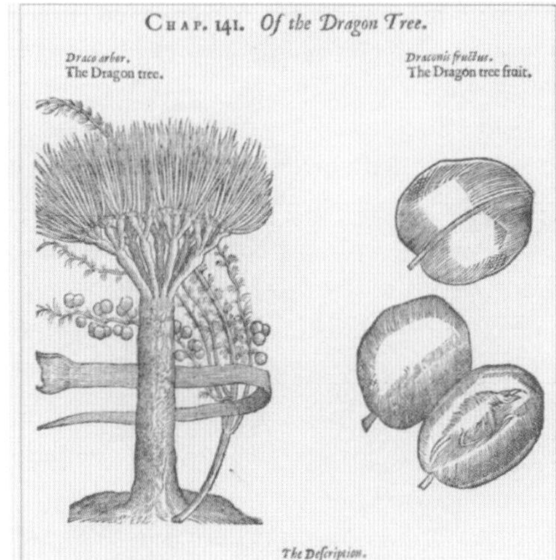

[18] John Gerarde, *The Herball or Generall Historie of Plantes*, Londres, 1597.

Parte segunda. De las cosas que traen

calientes, y que vsen dellas debaxo desta calidad, enlo que dellas se ouiere devsar, porque es bien esten aduertidos desto, que tanto importa el saberlo.

EL DRAGON.

Despues

[19] Nicolás Monardes, *Primera y segunda y tercera partes de la Historia medicinal, de las cosas que se traen de nuestras Indias Occidentales…*, Sevilla, 1574.

> Yo traygo el fructo del Arbol de do sacan la sangre de Drago, que es cosa maravillosa de ver, porque es como un animal, yo lo quise ver, y abrimos una hoja do esta la simiente, y abiertala hoja, aparecio un Dragon hecho con tanto artificio, que parescia bivo, el cuello largo, la boca abierta el cerro en erizado, con espinas, la cola larga, y puesto en sus pies: que cierto, no ay nadie que lo vea, que no se admire de ver su figura, hecha con tanto artificio, que parece de Marfil. Que no hay artificie tan perfecto, que mejor lo pueda hazer.[47]

Cuando Clusius tradujo estas palabras para su *De simplicibus medicamentis*, del mismo año, añadió las palabras "tanto artificio *a natura* fabricatus" para quitarle al lector la duda de que pudiera tratarse de una falsificación humana.[48]

Al haber considerado varias teorías sobre la fuente de la sangre de drago, el obispo y el médico concluyeron:

> Pero el tiempo, que es descubridor de todas las cosas, nos ha descubierto, y enseñado, que sea sangre de Drago: y porque se dize assi, y es por el fructo deste

47 Monardés (1574: 79r).

48 Clusius (1574: 56).

> arbol, y porque echa desi esta lagrima, a modo de sangre, de que es el fructo que diximos. El qual es un Dragon formado, como lo quiso produzir naturaleza, de do tomo muy a la clara el nombre el arbol.[49]

Después de un elenco de sus virtudes medicinales, Monardes concluye su relato con las palabras: "Yo pienso sembrar la simiente para ver si nascera enestas partes".[50]

Según L'Obel, un drago llevado de los territorios españoles había crecido algunos años antes en el bien cuidado y riquísimo en plantas exóticas jardín botánico de Pieter van Coudenberghe, en Amberes, pero el uso del perfecto (*crevit*) sugiere que ya no existía más.[51] De toda manera, no hubiera sobrevivido al sitio de Amberes de los años 1584-1885, cuando el jardín fue destruido.[52]

El hecho de que, fuera de las islas Canarias, no todos los dragos soportaban el cambio de clima muestra la triste experiencia del fundador de un jardín botánico en la ciudad de Sevilla, Simón de Tovar. En el período que media entre la publicación de la monografía sobre las plantas ibéricas de Clusius y la de una obra más amplia, *Rariorum plantarum historia* (Amberes, 1601), Tovar y Clusius mantuvieron correspondencia. En una carta a Clusius fechada en marzo del año 1596, el médico sevillano, quien había remitido listados de plantas a Clusius, lamentaba el rigor extremo de los últimos inviernos (efectivamente fue en los últimos años del siglo XVI cuando la denominada Pequeña Edad del Hielo causó los mayores estragos):

> En el mismo año [1595] se malograron varios retoños salidos de las semillas que me trajeron del árbol Draco de las Islas Afortunadas, todos excepto dos, demasiado jóvenes como para esperar que produzcan fruto o semilla alguna. Por ello y por el corto tiempo de éstos sólo le envío unas hojas con el nombre de la especie.[53]

El mismo triste destino ocurrió a los pequeños dragos que habían sido llevados desde las Canarias a los jardines reales de Felipe II en una fe-

49 Monardes (1574: 79v).

50 Monardes (1574: 80r).

51 Lobelius (1576: 639): "DRACO arbor, & eius lacryma, vulgo Sanguis draconis dicta. Crevit haec aliquot abhinc annis in cultissimo Coldenbergij horto, Antverpiae, ex Hispanijs delata, talis omnino qualem eam eleganter & scite Clusius descripsit".

52 Vandewiele (1990).

53 Barona y Gómez Font (1998: 117).

cha anterior a 1572: "Estos años passados embiaron de las Canarias a su Magestad, unos arbolicos a mi parecer algo semejantes a palmas, que llamavan Dragonales, y puestos en sus jardines perecieron, por mas que los regalaron".[54] Y aunque en la segunda década del siglo XVII Johannes Schreck —conocido por los miembros de la Accademia dei Lincei romana como Terrentius— escribía que sabía de oídas de la existencia de un drago en el jardín del gran duque toscano en Pisa, se puede suponer que un drago en el norte de Italia tuviera sus días contados.[55] Incluso más al sur, los dos dragos que tenía el apotecario del monasterio napolitano de Santa Caterina a Formiello, Donato d'Eremita, en un barril de madera perecieron después de dos años.[56]

Hemos visto que el drago canario entró al mundo europeo de las imágenes por primera vez alrededor de 1470 en un contexto religioso (Jardín del Edén, Huida a Egipto, San Juan en Patmos). Los artistas de estas representaciones —Schongauer, Wolgemut, Pleydenwurff, Durero, Burgkmair— estaban todos relacionados con las ciudades alemanas de Augsburgo o Núremberg. Llama atención la concentración de estas imágenes en el sur de Alemania; es probable que esto tenga relación con los intereses económicos de los alemanes en la península ibérica ya en el siglo XV. A principios del siglo XVI, uno de los miembros más activos de los Welser de Augsburgo, Lucas Rem, estuvo en la península entre 1502 y 1508, antes de establecer una factoría en Madeira en 1509. En el mismo año compró un terreno para la compañía en Tazacorte, en la isla de La Palma, para la producción de azúcar, que a su vez fue vendido al mercader de Colonia Jacob Groenenberg cuatro años después.[57] La presencia de diseños de un papa, un girasol y un tomate americanos en la colección del naturalista alemán Leonhart Fuchs en Tubinga a mediados de siglo puede deberse a la misma ruta de las imágenes.[58]

El drago efectuó su entrada en el mundo europeo de los botánicos un siglo después, contemporáneamente con la llegada de sus semillas a las

54 Fragoso (1572: 89v).

55 Anotaciones de Johannes Terrentius en Hernández (1651: 59). Cosimo II, quien poseía jardines en Pisa y Florencia, fomentaba la promoción de conocimiento botánico entre sus gobernados; véase Tongiorgi Tomasi (2002: 58).

56 Hernández (1651: 866).

57 Sobre Rem y las actividades comerciales de los Welser y de los Fugger, véanse Panhorst (1928) y Kellenbenz (1988).

58 Egmond (2018).

colecciones de aquellos botánicos y con la creación de las primeras colecciones por los príncipes de Europa. El epicentro del interés se concentraba en el territorio de los Austria, sobre todo en la península ibérica y en los Países Bajos.

En ninguno de los tres temas considerados aquí, que se extienden desde el primer hasta el último libro de la Biblia, se hace explícita la procedencia canaria del árbol. La función del drago y de algunos de los demás animales y plantas es señalar el exotismo del lugar en cuestión. La precisión geográfica está subordinada a la creación de una composición de género exótico.[59] Cada uno de los tres temas es de índole religiosa y cada uno está relacionado con la movilidad: la expulsión de Adán y Eva del Paraíso, la huida de la Sagrada Familia a Egipto, el exilio de San Juan en la isla griega de Patmos. Y en cada representación, la función del drago no es señalar una localidad geográfica, sino caracterizarla como exótica.[60]

En resumen, cualquier significación que el drago pueda haber tenido para los guanches, la población nativa de Tenerife, el árbol entró al mundo europeo de las imágenes en un contexto cristiano. Solo muchas décadas después se insertó en el campo laico de las imágenes botánicas al mismo tiempo que sus semillas empezaron a entrar en las colecciones de los botánicos europeos y que se establecieron los primeras gabinetes de curiosidades en las cortes de Europa.[61]

---

59 Mason (1998: 16-41).

60 En sentido opuesto, la presencia de un drago en un cuadro que fue llamado *Vista de una costa italiana* en 2001 ha facilitado la identificación de la escena como una representación de la costa de la isla de Madeira, pintada en el año 1777 por William Hodges, artista británico que acompañaba al capitán Cook durante su segundo viaje. El cuadro se encuentra en el Captain Cook Memorial Museum, Whitby. Véase Greig (2004: 18).

61 Véase todavía el estudio clásico de Von Schlosser (1978).

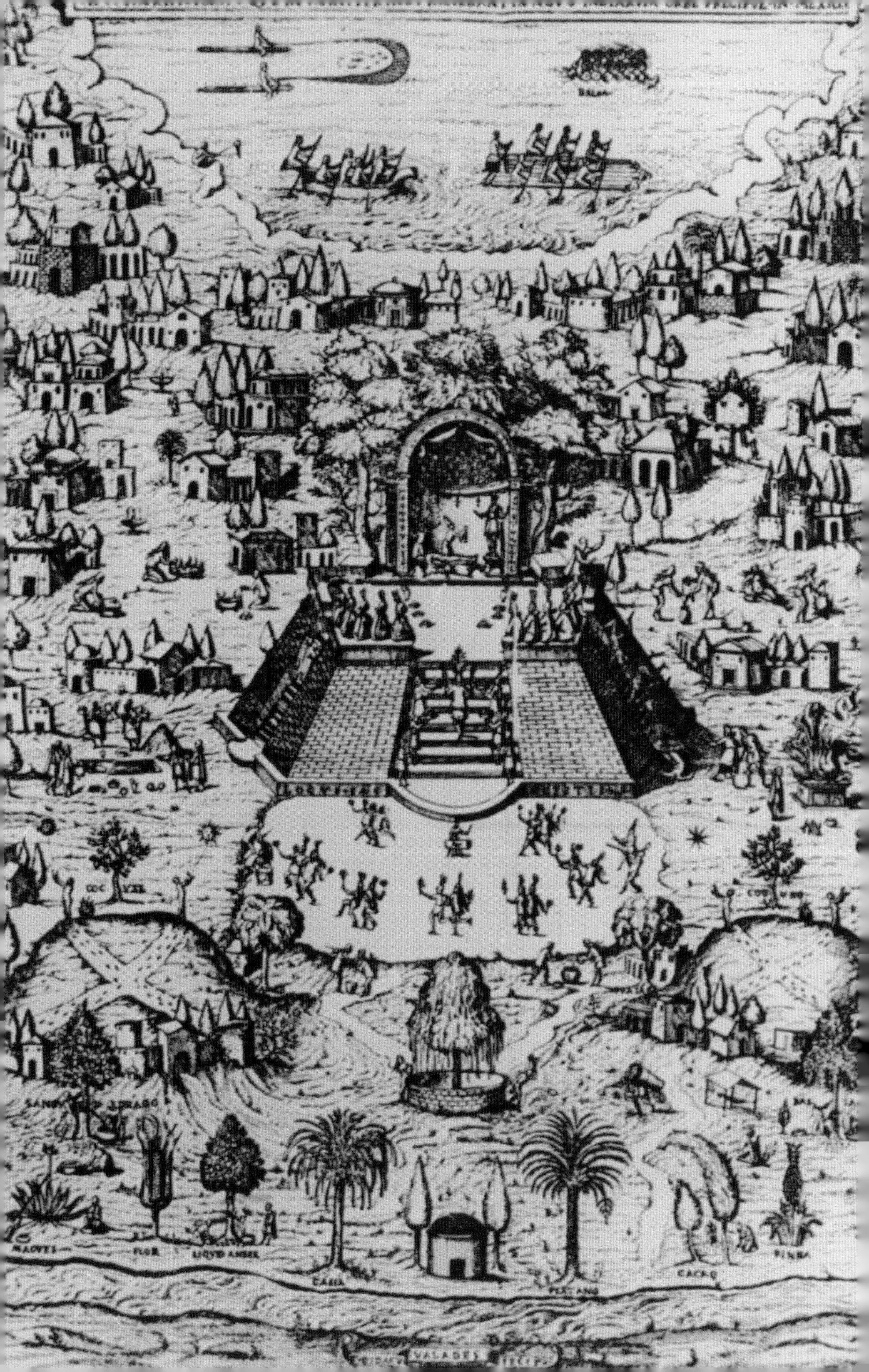
FLOR
LIQVID AMBER
CACAO
VALADES

Capítulo II

Un árbol canario en la *Rhetorica Christiana*

El intercambio de formas culturales no ocurre sin trastornos. Pues, como señalaba Marcel Proust, no se pueden esperar revelaciones sobre la naturaleza de los sueños de una persona que duerme profundamente, ni de alguien dotado con una memoria perfecta se puede esperar un conocimiento de la naturaleza de la memoria; en cambio, es de las formas patológicas del insomnio y de los fallos de memoria —el famoso lapsus freudiano— que podemos conocer la naturaleza de los sueños y de la memoria.[1] O, como lo formuló Walter Benjamin comentando las palabras de André Breton del *Manifiesto surrealista*, "plasma la fórmula del malentendido dialógico, es decir, de lo que está verdaderamente vivo en el diálogo".[2] Y en su *Tiempo y ser*, Heidegger hablaba de fenómenos patológicos (*Krankheitserscheinungen*):

> Con este término se mientan anomalías que se muestran en el cuerpo y que al mostrarse y en tanto que mostrándose, son indicio de algo que *no* se muestra en sí mismo. [...] Todas las indicaciones, representaciones, síntomas y símbolos tienen esta estructura formal básica del manifestarse, por diferentes que ellos sean entre sí.[3]

La llave para entrar en este mundo de confusiones y malentendidos es, entonces, el *síntoma*, es decir, un elemento ajeno que no encaja con su en-

1 Proust (1954: 651-652).
2 Benjamin (1996-2003: vol. II, 4).
3 Heidegger (1962: 51-52).

torno, precisa y concretamente. El filósofo británico J. L. Austin enfatizó la importancia del contexto conveniente en que se habla.[4] Según Austin, "por regla general, siempre es necesario que las circunstancias en que se pronuncian las palabras sean de una manera, o maneras, convenientes".[5] El caso contrario, en que no se observan todas las reglas del protocolo, se llama "infelicidad".[6]

Como sugiere el origen de las infelicidades de Austin en la experiencia práctica de las palabras llamadas performativas, esta discusión no está limitada al análisis de las señales escritas. Como ha enfatizado Jacques Derrida, sus conclusiones se aplican tanto a las palabras escritas como a las palabras enunciadas:

> Siempre se puede sacar un sintagma escrito del encadenamiento en que se encuentra prendido o dado, sin quitarle toda posibilidad de funcionar, sino toda posibilidad de "comunicación", precisamente. Uno puede eventualmente reconocerle otras inscribiéndolo o injertándolo en otras cadenas. Ningún contexto puede incluirlo.[7]

Además, se aplican a todos los órdenes de señas y a todos los lenguajes en general. En todos estos casos, la posibilidad de destetar la señal de un punto de referencia dentro de un contexto específico vale tanto para la escritura en sentido restringido como para las palabras.[8] En este capítulo vamos a extender el concepto al mundo de las imágenes considerando el caso de un árbol canario ajeno a su entorno novohispano.

El Hierro, la isla más occidental de las Canarias, es también el lugar donde se situaba un árbol maravilloso. Al escribir en Madrid su primera carta dirigida al cardenal Ascanio Sforza, fechada en 1493, Pedro Mártir de Anglería le ofreció una descripción de las Canarias que acababa con la mención de la falta de agua potable en El Hierro excepto las gotas que fluyen de un solo árbol y que caen en un charco artificial.[9] Casi dos décadas después, Antonio Pigafetta mencionó "un fenómeno singular de una de estas islas" en su narración de la primera circunnavegación del mundo (1519-1522):

---

4 Austin (1962).
5 Austin (1962: 8).
6 Austin (1962: 14).
7 Derrida (1972: 377).
8 Derrida (1972: 378).
9 Mártir de Anglería, *De Orbe Novo* I.1.15, en Eatough (ed.) (1998: 49 [inglés] y 135 [latín]).

> [...] crece un gran árbol cuyas hojas destilan continuamente gotas de un agua excelente, que se recoge en una fosa cavada al pie del árbol a manera de estanque, y allí van los insulares a tomar el agua, y los animales, tanto domésticos como salvajes, a abrevar. Este árbol está siempre envuelto en espesa niebla, de la que sin duda absorben el agua las hojas.[10]

Extraña que el viajero francés André Thevet no mencione el árbol en el capítulo de su *Singularitez* dedicado a El Hierro; este silencio resulta del hecho de que el prolijo capítulo VII fue escrito por un escritor fantasma, Mathurin Héret, quien a su vez probablemente derivaba su información de Alvise da Ca'da Mosto por intermedio del *Novus orbis* de Simon Grynaeus.[11] Por otro lado, escribiendo desde Nueva España en 1589-1590, el joven médico español Juan de Cárdenas defendía la veracidad de lo que aseveraba en su *Problemas y secretos maravillosos de las Indias* con el ejemplo del garoé:

> Bien sé que algunos o muchos no creerán lo que aquí digo, pero podré yo dezir lo que Pedro Mexía en su Silva, que quien esto no creyere menos creerá lo que todo el mundo cuenta del árbol que está en la ysla del Hierro, de cuyas hojas llueve cada mañana tanta agua que da abasto a toda la ysla.[12]

Pocos años después, el viajero holandés Jan Huygen van Linschoten presentó una descripción más larga:

> En una de estas islas, llamada El Hierro, existe algo milagroso y raro, para investigar, y que se puede considerar como una de las cosas más extrañas del mundo. Esta isla es la mayor de las siete;[13] es una tierra árida, sin cultivar y tan seca que en ella no se encuentra ni una sola gota de agua, excepto en algunos sitios cercanos al mar, alejados de la gente, de modo que es de poca utilidad para los habitantes. Para aliviar esta escasez absoluta de agua, Dios ha ayudado a la gente y al ganado de la manera siguiente: con un árbol grande, que nadie conoce porque nunca se ha encontrado otro igual, de hojas estrechas y largas, siempre verdes, sin cambio alguno. El árbol está cubierto y rodeado por una nube pequeña, que nunca se mueve ni aumenta. Esta nube da rocío a las hojas, de las que continuamente

10 Pigafetta en Juan Sebastián de Elcano *et al.* (2003: 195-196).

11 Grynaeus (1532); Lestringant (1991: 111).

12 J. de Cárdenas, *Problemas y secretos maravillosos de las Indias* (México, 1591) 5v-6r, citado por Pardo Tomás (2011: 96). Cárdenas alude a la obra muy popular de Pedro Mexía (1551).

13 El autor se equivoca: la isla más grande es Tenerife.

> fluye un agua fina y clara que cae en unos recipientes que los habitantes han colocado alrededor de ellas para recogerla y conservarla y cuya cantidad es suficiente no sólo para la gente, sino también para los animales. Nadie sabe cuándo empezó este acontecimiento prodigioso.[14]

No faltan en este caso explicaciones modernas, por ejemplo, del fenómeno de la aparición de gotas de savia del xilema en las puntas o bordes de las hojas de algunas plantas.[15] Los primeros viajeros europeos a El Hierro comentaban la ausencia de fuentes por toda la isla y, por consiguiente, la dependencia absoluta de los indígenas de la isla, los bimbaches, del árbol milagroso, llamado garoé. Para el ingeniero Juan Alonso Rubián, quien probablemente llegó a las Canarias en 1572, era aconsejable construir un fuerte "junto al árbol que dava agua", dada la importancia estratégica de esta única fuente de agua en la isla.[16] Su sucesor, el ingeniero italiano Leonardo Torriani, que pasó algunos años en las Canarias en las últimas décadas del siglo XVI (1586-1593), anotaba que

> Ninguna cosa de este árbol parece tan digna de maravilla, como lo es su incorruptibilidad. [...] Merece sin duda considerarse como santo y maravilloso [...], pues con esta planta rara y perenne la divina providencia quiso asegurar la vida de aquellos hombres que desde el principio vinieron a vivir aquí. Gracias a ella se conserva hasta el presente su descendencia; y por lo mismo colegimos de su inmutable naturaleza que deberá conservarse por toda la duración de los siglos futuros.[17]

Desgraciadamente, la profecía de Torriani no se cumplió: el árbol fue arrancado de raíz por un vendaval en 1612; el árbol *Ocotea foetens* que se ve hoy día en el lugar del histórico fue plantado en el siglo XX, aunque las cisternas de sus alrededores son, aparentemente, los hoyos históricos.

El primer documento europeo que menciona el árbol milagroso de El Hierro es la crónica francesa de la conquista de las Canarias de Jean de Béthencourt, en los años iniciales del siglo XV, compilada por su sobrino a finales de la centuria. Esta crónica cuenta que

---

14 Linschoten (1596: cap. 96). Cito este pasaje de Linschoten en extenso de Hernández González (2002: 15-16) porque falta en la recopilación de textos dedicados al garoé hecha por Hernández Gutiérrez (1998). Se encuentra una lista más fiable en Barrios García (2010), que contiene comentarios críticos con respecto al libro de Hernández Gutiérrez.

15 Baldini (1993); Gioda *et al.* (1995).

16 Cámara Muñoz (2000: 154).

17 Torriani (1999: 282).

> En la parte más alta del país hay árboles que destilan siempre un agua hermosa y clara, que se recoge en unos hoyos cerca de los árboles, la mejor que se puede hallar para beber. Y tiene aquella agua esta condición, que cuando se haya comido hasta no poder más y se beba aquella agua, antes de una hora los alimentos quedan digeridos, al punto de quedar con un deseo de comer tan grande como el que se tenía antes de beber.[18]

El manuscrito incluye una imagen de la isla con algunos árboles, pero de tipo genérico, sin otro particular.

En la primera representación visual conocida del árbol maravilloso de El Hierro vemos a dos personas con traje primitivo que recogen en cántaros el agua que destila de sus hojas [1]. El árbol mismo está en el centro de

[1] El árbol Garoé, El Hierro. Xilografía. En Girolamo Benzoni, *Historia del Mondo Nuovo*, Venecia, 1572.

18 *Le Canarien* (2004: 179).

un estanque circular. El grabado forma parte de la segunda edición de la *Historia del Mondo Nuovo*, publicada en 1572.[19] Dado que el tema principal del libro de Benzoni, que fue extremamente popular y tuvo catorce ediciones en cinco lenguas entre 1565 y 1612,[20] era la caída de Atahualpa a manos de Francisco Pizarro, sorprende la presencia de un elemento canario en este contexto. En otras palabras, la presencia del árbol canario es un síntoma de un proceso de desplazamiento (*Verschiebung* en la terminología de Freud); nos encontramos frente a una infelicidad visual.

Sobre la figura de Girolamo Benzoni, quien nació "de humilde padre" en Milán alrededor del año 1519, no se sabe mucho más que la información que nos proporciona el autor mismo en su narración y en las dedicatorias de las dos ediciones venecianas (1565 y 1572). Sus raíces milanesas son evidentes: dedicó la primera edición a su conciudadano Giovanni Angelo Medici, el pontífice Pío IV desde 1559 hasta su muerte en 1565. La segunda edición del libro de Benzoni, publicada en Venecia en 1572 por Pietro y Francesco Tini, lleva una dedicatoria a otro milanés ilustre: "all'illustrissimo Sig. Il S. Scipione Simoneta Senatore Dignissimo, et Padron Mio Osservandissimo". Scipione Simonetta (1524-1585), propietario de un jardín botánico en Milán, formaba parte de la delegación enviada a Roma para felicitar al nuevo pontífice en 1560 y desempeñó un importante rol en las delegaciones milanesas a la corte de Madrid hasta su muerte en la capital ibérica en 1585.[21]

Girolamo Benzoni llevó a cabo un periplo por varios países sudamericanos entre 1541 y 1556, motivado por la fortuna en declive de su familia y por las noticias sobre la abundancia de riquezas en los "nuevos reinos

---

19 La primera edición de su obra salió en Venecia en 1565. Uno de sus traductores era Carel van Mander, a quien ya hemos aludido en el contexto del cuadro de Jan Mostaert tratado en la Introducción.

20 Burke (1995: 33). Desde el siglo XVI hasta el XVIII salieron no menos de 32 ediciones (Tagliaferri 1992: 152). Por supuesto no podía faltar en la biblioteca de Ulisse Aldrovandi (Olmi 1992: 38). Cassiano dal Pozzo se refiere a Benzoni con respecto a algunas serpientes grandes que vio en colecciones francesas en el año 1625 (Gabrieli 1996: 1060). En la misma carta, Cassiano menciona un nuevo tipo de ganso llegado de las Canarias que mueve el cuello tan velozmente que parece más a una serpiente.

21 Para la delegación enviada a Roma en 1560, véase Prosperi (1971). Para las delegaciones milanesas a la corte de Madrid, Comune di Milano, Archivio Storico Civico, Biblioteca Trivulziana, fondo dicasteri, "ambasciatori, agenti", b. 134 fasc. 10 (1559) y b.137, fasc. 1 (1585).

descubiertos". En las primeras palabras de la propia narración, añade el motivo de la curiosidad de un joven de 22 años por "el mundo". Así que en 1541 viaja por tierra a Medina del Campo, un importante centro comercial y financiero en la provincia de Valladolid, y pasa de allí, vía Sevilla, a Sanlúcar de Barrameda, donde embarca con rumbo a Gran Canaria en un navío mercante que forma parte del tráfico continuo de naves que pasan por las Canarias llevando vinos, harina, manzanas y queso a las Indias Occidentales. Después de dos meses, se traslada de Gran Canaria a la isla de La Palma para embarcar en una carabela que lleva un cargo de vinos al Caribe. Conoce Puerto Rico, Haití, Cuba, Panamá y Perú antes de acabar su periplo en Quito en 1556.

En la dedicatoria de la segunda edición de su *Historia del Mondo Nuovo*, el autor obvia el tema de la mala fortuna de su familia y empieza con el pretexto de la curiosidad de un joven milanés. Mientras que la primera edición llevaba 15 grabados, la segunda tiene dos más, uno de los cuales se refiere a las Canarias y está incluido en un apéndice canario que se agregó al texto.[22] El resultado es que la narración de sus viajes por América del Sur se encuentra colocada entre el relato de su escala técnica en las Canarias y un "Breve Discorso di alcune cose notabile delle Isole di Canaria", aunque, vista su limitada experiencia en las islas (solo conoció Gran Canaria y La Palma, y además tuvo una estancia muy breve en la última), debemos tomar sus aseveraciones *cum grano salis*. En la isla de La Palma, escribe, vio a un viejo indígena descendiente de los caciques locales, pero cuando intentaba obtener más detalles sobre el modo de vida isleño, el estado de embriaguez permanente de su informante dejaba a este último incapaz de aportar la información requerida.

Llegado a la conclusión de su relato, el autor escribe:

> Réstame hablar del Árbol de la Isla del Hierro que destila siempre agua por sus hojas, y con tanta abundancia que no sólo provee a sus habitantes, sino a mayor número de personas si las hubiese. Este árbol es de regular altura, y sus hojas se asemejan a las del nogal, aunque son un poco mayores; hállase cercado como fuente, y allí cae y se recoge el agua. Causa verdadera admiración, y es un misterio notable de la Naturaleza pensar que no hay más agua en la Isla que la destilada por este árbol. Siempre se le ve cubierto de niebla, que se deshace poco a poco cuando el sol asciende.[23]

22 El otro trata de los orfebres de Quito (Benzoni 1572: Lib. III, 170r).

23 Benzoni (1572: Lib. III, 178v).

Aunque Benzoni distingue entre su parada canaria y su viaje en América, la posterior circulación de su imagen del árbol de El Hierro demuestra que no todos los lectores de su *Historia del Mondo Nuovo* mantenían una nítida distinción entre las islas Canarias y el continente americano. Solo siete años después de la publicación de la segunda edición de su obra, encontramos de nuevo su imagen del árbol garoé en una obra de carácter muy distinto. Los primeros misioneros en Nueva España que querían comunicar su fe a los indígenas americanos se veían obligados a hacerlo a través de dos recursos. Los templos y conventos de la orden franciscana llevaban varios tipos de decoración cuya función era transmitir el Evangelio a los gentiles en un idioma que podían entender a través del instrumento de la traducción visual. Mientras que —con pocas excepciones— los catecismos europeos dependían de la letra impresa para enseñar la doctrina cristiana a sus catecúmenos hasta finales del siglo XIX, en América del Sur se utilizaba una especie de viñetas religiosas para superar las dificultades ocasionadas por las barreras lingüísticas, mentales y culturales. Entre los ejemplos más conocidos se cuentan los catecismos testerianos adoptados por fray Pedro de Gante y el silabario náhuatl que forma parte de la *Rhetorica Christiana* de Diego Valadés.[24] En el único grabado in-folio de la *Rhetorica Christiana*, intitulado TIPVS SACRIFICIORUM QUE INMANITER INDI FACIEBANT IN NOVO INDIARVM ORBE PRECIPVE IN MEXICO, se halla intercalada, entre los folios 172 y 173, una imagen del milagroso árbol de El Hierro.

Con respecto a la vida de este Diego Valadés, ahora podemos contar con la exhaustiva tesis de Boris Jeanne.[25] Según la reconstrucción hipotética de este autor, Valadés probablemente nació en 1533 en Tlaxcala, hijo natural del conquistador y encomendero de Tenampulco Diego Valadés y de una india, lo que aclararía el silencio sobre sus orígenes mantenido en la *Rhetorica Christiana*. Iba a mantener el vínculo con su lugar de nacimiento hasta sus últimos años, ya que en 1585 el deán y el cabildo del catedral de Puebla de los Ángeles le solicitaron que pidiera gracias,

---

24 Valadés (1579: 101, 103, 105). Véanse Báez Rubí (2005) y Domínguez Torres (2013: 86-90). Suerte de escritura pictográfica, se llaman testerianos estos catecismos por ser atribuidos a fray Jacobo de Testera, franciscano de origen francés, guardián de Huejotzingo, Puebla, hasta que fue nombrado superior provincial de los franciscanos de México en 1533. Dirigía la misión para convertir la península de Yucatán desde 1537.

25 Jeanne (2011).

concesiones, bulas e indulgencias para ellos en la corte de Roma.[26] Entró en la comunidad misionera franciscana a la precoz edad de ocho años para asistir a los frailes en la función de intérprete,[27] y más tarde pasó por el colegio de San José de los Naturales del convento de San Francisco el Grande, presidido por Pedro de Gante, de quien se convirtió en secretario. Después de su ordenación en 1558 empezó a predicar y confesar a los indios, alternando actividades en las misiones con intervalos en México. Además de su conocimiento del náhuatl, aprendió el idioma tarasco durante su misión en Michoacán y el otomí en Tepexic (la actual Tepeji del Río de Ocampo, Hidalgo). En el año de su partida hacia España, 1571, para dirigir la publicación del *Itinerarium Catholicum*,[28] obra del teólogo Juan Focher, quien había sido uno de los profesores del joven Valadés, ya tenía una larga y buena experiencia de primera mano de la vida de los indígenas en varias partes de la Nueva España. Llegado a Roma para el año santo de 1575, fue elegido procurador general de la familia transalpina de la orden observante franciscana.[29] Sin embargo, esta posición no le daba libertad absoluta. Felipe II no tardó en emitir una cédula el 22 de abril de 1577, en que decretó:

> El Rey. Don Martín Enríquez, nuestro Visorrey Gobernador y Capitán General de la Nueva España, y Presidente de la nuestra Audiencia Real de ella. Por algunas cartas que nos han escripto de esas provincias, habemos entendido que Fray Bernardino de Sahagún, de la Orden de San Francisco, ha compuesto una historia Universal de las cosas más señaladas de esa Nueva España, la cual es una computación muy copiosa de todos los ritos, cerimonias e idolatrías que los indios usaban en su infidelidad, repartida en doce libros y en lengua mexicana; y aunque se entiende que el celo del dicho Fr. Bernardino había sido bueno, y con deseo que su trabajo sea de fruto, ha parecido que no conviene que este libro se imprima ni ande de ninguna manera en esas partes, por algunas causas de consideración; y así os mandamos que luego que recibáis esta nuestra Cédula,

26 Archivo del Cabildo de la Catedral de Puebla, Actas Capitulares, libro sin número, folio 110r, 26 abril 1585, citado en Morrill (2014: 241 n. 91).

27 El ejemplo más conocido de la ayuda de un niño como intérprete a los religiosos en Nueva España es el del extremeño Alonso de Molina.

28 Según Jeanne (2011: 198), tenía también el encargo de "cobrar la herencia paterna" en Sevilla de los hermanos Salvador y Joan de Cardeñas de Puebla, hecho indicativo de sus relaciones laicas y locales (Tlaxcala limita con Puebla).

29 Su elección fue patrocinada por el procurador general de ambas familias de la orden, el francés Christophe de Cheffontaines, cuya elección había desagradado tanto a Felipe II.

con mucho cuidado y diligencia procuréis haber estos libros, y sin que de ellos quede original ni traslado alguno, los enviéis a buen recaudo en la primera ocasión a nuestro Consejo de las Indias, para que en él se vean; *y estaréis advertido de no consentir que por ninguna manera, persona alguna escriba cosas que toquen a supersticiones y manera de vivir que estos indios tenían, en ninguna lengua*, porque así conviene al servicio de Dios nuestro Señor y nuestro.[30]

La prohibición de esta cédula tocaba incluso la obra botánica llevada a cabo en Nueva España por el protomédico del rey, Francisco Hernández, y por supuesto se extendía a toda la documentación recopilada por Bernardino de Sahagún. El motivo de esta censura era un problema técnico: si se les reconociera una historia y una civilización a las culturas indígenas, la legitimidad de la encomienda y de la colonización sería cuestionada. Resulta claro que la información sobre "los tipos de sacrificios que horrorosamente hacían en el nuevo mundo de las Indias, y particularmente en México" era una violación flagrante de la cédula.

Valadés enfrentaba un problema grave: tenía el proyecto de publicar un libro, *Rhetorica Christiana*, para ayudar a enseñar la doctrina cristiana en América, pero no tardó en entender que el libro que proyectaba lo tendría que publicar fuera del alcance de la facción española que estaba ejerciendo presión en Roma. Efectivamente, la obra se publicó en Perugia en el año 1579.

Sin embargo, si el autor se autocensuraba en el cuerpo de su texto, el grabado, firmado por él, muestra el retorno de lo reprimido: incorpora una gran cantidad de información de tipo etnográfico y etnobotánico [2]. La escena central es un sacrificio sobre una pirámide, aunque la construcción arquitectónica en que se desarrolla el rito tiene un aspecto más europeo que amerindio.[31] Al pie de la pirámide hay un espacio

30 Toribio Medina (1958: 6-7; cursiva mía).

31 La arquitectura podría referirse a la de la ciudad Tenochtitlán reconstruida por parte de los españoles, que se refleja también en la escena que habitualmente se describe como una batalla delante del Templo Mayor en el *Códice Azcatitlán*, fechado por algunos en el siglo XVI y por otros en el siglo siguiente. Ha sido identificada como la matanza en la fiesta de Toxcatl orquestada por Pedro de Alvarado en ausencia de Cortés, en mayo de 1520, por Castañeda de la Paz y Oudijk (2012), mientras que Navarrete sugiere una relación tanto con esa matanza como con la batalla a finales del mes siguiente en que murió Moctezuma (2004: 155 n. 15), técnica narrativa llamada "condensación figurativa" por Russo (2013: 407). La matanza de Toxcatl está situada en un recinto porticado también por fray Diego Durán (1579: 211r).

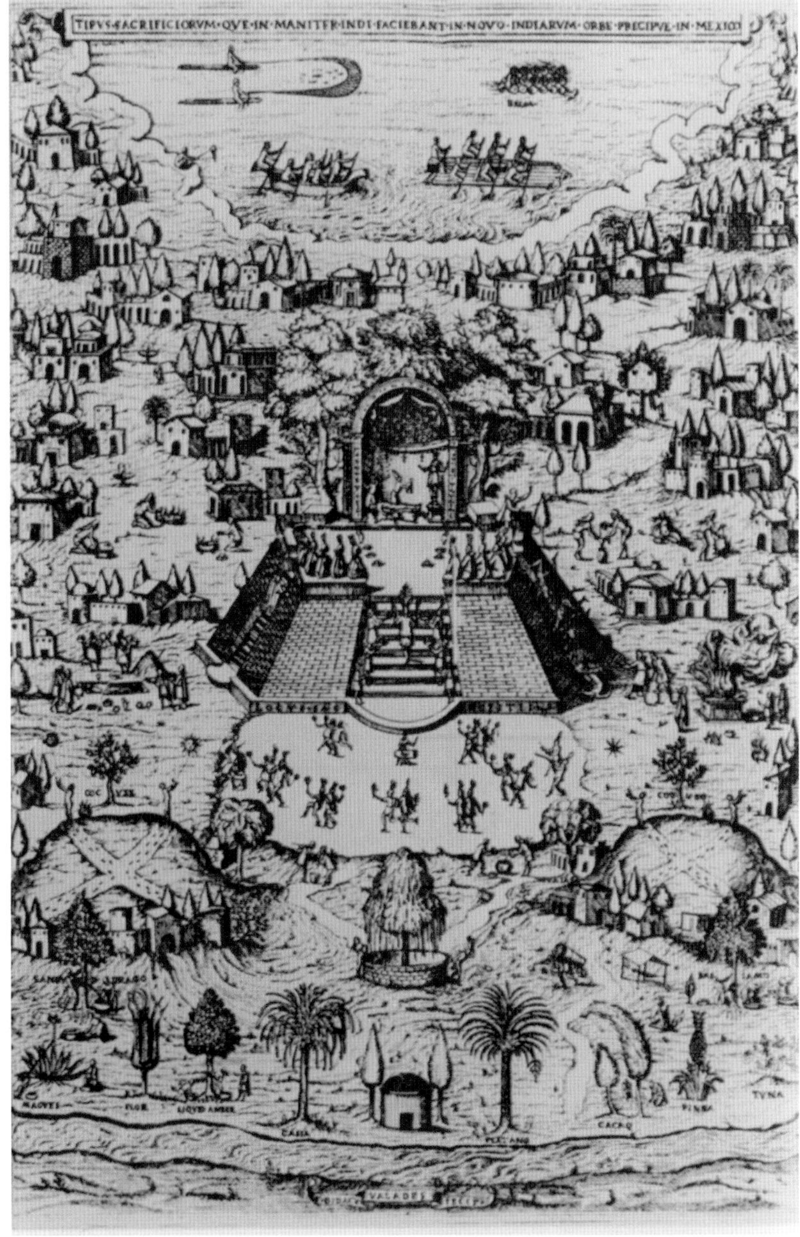

[2] "Los tipos de sacrificios que horrorosamente hacían en el nuevo mundo de las Indias, y particularmente en México". Xilografía. En Diego de Valadés, *Rhetorica Christiana*, Perugia, 1579.

donde los indios bailan alrededor de un tambor situado en el centro, mientras que a la izquierda se percibe un tambor de otro tipo.[32] En los alrededores se ven habitaciones nativas, entre las cuales hay una casa construida sobre un árbol. Los nativos están desempeñando sus actividades cotidianas: la pesca, la inhumación de los difuntos, la preparación de las tortillas en un metate, la adivinación por la luna, el sol, el fuego y una estrella. Y el cultivo y uso de las plantas implica la representación de una selección de las mismas, algunas con leyenda: MAGVEI, COCVSO, GVAIBA, FLOR, LIQUIDAMBER, SANGVE DE DRAGO, CASIA, PLATANO, CACAO, PINNA, BALSAMO, TVNA.[33]

En el texto que corresponde al grabado, intencionalmente mucho menos detallado, Valadés se limita a elogiar la arquitectura y construcción de sus templos, y el modo ordenado y decoroso de sus danzas. La presencia de esta temática se podría justificar en una obra dedicada a la retórica, dado que el orden, el ornamento y el decoro eran elementos comunes a la retórica y a las artes. La discusión de la arquitectura se extiende a sus jardines con exquisitas fuentes, baños calientes, albercas, flores y árboles. Es justo aquí donde habla del árbol ahuehuete, justificando explícitamente lo que podría parecer un paréntesis, con una referencia al uso retórico del ahuehuete (no olvidemos que la obra se llama *Rhetorica Christiana*) en la figura retórica de la *comparatio a maiori*:

> En ellos siempre plantaban con gran diligencia árboles muy amplios y sombreados, de modo que mil hombres que se asientan como lo hacen los indios puedan estar a la sombra de un árbol. Aunque el árbol sea infecundo e infructífero, resulta todavía tan valioso que muchos sacan comparaciones de él en las comparaciones *a maiori*. Los indios lo llaman ahuehuetl, los Españoles árbol de paraíso, pero no me parece de la misma especie. Permanecen verdes todo el año, parecen al plátano, pero no exactamente de la misma natura.[34]

---

32 Son respectivamente el *teponaxtle* y el *huehuetl*. Compárese Durán (1579: 211r y 158v) y Sahagún (1579: Lib. VIII, 28r).

33 Los árboles y las plantas se encuentran acompañados por varios ejemplares de la fauna americana —entre los cuales podemos señalar el quetzal, el guajolote y la llama (Bolzoni 2008: 135)— para representar el reino vegetal y animal en un grabado cosmológico que se extiende verticalmente desde el demonio en lo bajo de la página a la Trinidad en la parte superior (Valadés 1579: 220-221). Véase Capítulo 4, [25].

34 "Semper autem in illis plantabant magno studio arbores ualde patulas & umbrosas, usque adeo ut in unius umbra mille homines agere possint, eo modo, quo Indi

Resulta claro que el árbol cercado por un estanque amurallado en el centro del grabado de Valadés tiene que ser identificado como el infaltable ahuehuete.[35] Sin embargo, si su intención era representar a un ahuehuete, lo hace utilizando una imagen que no es de dicho árbol, sino del garoé canario sacado del libro de Benzoni publicado en Venecia solo pocos años antes. Además del caso del ahuehuete/garoé, una comparación entre las imágenes sueltas de Benzoni y la composición valadesiana muestra sin duda la incorporación de materiales extraídos de los grabados de Benzoni con referencia a una variedad de temas. Debemos reconocer que hay poca precisión geográfica o etnográfica en la combinación de todas estas imágenes dentro del cuadro de un solo grabado. La escena de sacrificio humano representa una situación colocada firmemente en Nueva España, pero en las páginas de Benzoni la construcción circular está en Sucre, la casa construida en un árbol está ubicada en lo que hoy en día es Colombia, y el uso de balsas de madera para la pesca está documentado en la costa de Ecuador. Sin embargo, por lejanos que puedan ser estos lugares, están todos presentes en la descripción de América hecha por Benzoni. No hay nada sorprendente en el reciclaje de sus imágenes en este lugar: las casas que los indios construían en los árboles [3], el modo de preparar bebidas [4] y pan [5], el modo de pescar [6], el modo de bailar y de tocar y sonar los instrumentos musicales de los indios [7], etcétera. En cuanto al garoé, en cambio, resulta claro que este árbol canario no se halla "en su casa" en la representación de una realidad americana, que no encaja con su entorno. Es una infelicidad. Debemos presumir que Valadés lo ha extraído de la *Historia del Mondo Nuovo* sin prestar demasiada atención al hecho de que no es un árbol americano. Esta capacidad de las imágenes para pasar de un contexto a otro es un fenómeno que ocurre con gran frecuencia en la iconografía europea de las Américas.[36]

Ya sensibilizados con este tipo de préstamo iconográfico, no tendremos dificultad en reconocer el mismo fenómeno en un grabado, otra vez perteneciente a una de las obras más difundidas en la Europa de

sedent. Quamuis autem sterilis, & infrugifera sit ea arbor, est nihilominus in tanto pretio, ut in comparationibus a maiori plerunque ab ipsa collationem ducant. Vocant autem illam Indi ahuehuetl, Hispani arbor de parayso, mihi autem non eiusdem generis esse videtur. Toto anno virides manent, sunt platano persimiles, nec tamen plane eiusdem naturae [...]" (Valadés 1579: 168).

35 Como han señalado tanto Báez (2005: 172) como Jeanne (2011: 504 n. 167).

36 Mason (2001).

[3] Casa en un árbol. Xilografía. En Girolamo Benzoni, *Historia del Mondo Nuovo*, Venecia, 1572.

[4] Modo de preparar bebidas. Xilografía. En Girolamo Benzoni, *Historia del Mondo Nuovo*, Venecia, 1572.

[5] Modo de preparar pan. Xilografía. En Girolamo Benzoni, *Historia del Mondo Nuovo*, Venecia, 1572.

[6] Modo de pescar. Xilografía. En Girolamo Benzoni, *Historia del Mondo Nuovo*, Venecia, 1572.

[7] Bailes e instrumentos musicales. Xilografía. En Girolamo Benzoni, *Historia del Mondo Nuovo*, Venecia, 1572.

los siglos XVI y XVII: la recopilación de relatos de viajes publicada en Fráncfort desde 1590 por el impresor y grabador Teodoro de Bry, un refugiado protestante de Lieja, y continuada por sus hijos después de su fallecimiento en 1598. El sexto libro de la recopilación intitulada *América*, publicado en 1596, es uno de los tres tomos explícitamente basados en la obra de Benzoni. Aunque está dedicado a la conquista de Perú, en la última lámina del libro [8] se reconoce el árbol canario, pero de nuevo ha sido trasladado a la otra orilla del Atlántico y trasformado en el proceso: el artista de la edición de la familia De Bry ha aumentado el número de personas a catorce, una de las cuales es una mujer. Le ha quitado al estanque el muro y a los indígenas, su ropa; y les ha regalado algunos cántaros manieristas.

No le podía faltar el árbol milagroso al erudito naturalista boloñés Ulisse Aldrovandi: aparece en su libro póstumo compilado por Ovidio Montalbano y dedicado a la dendrología, pero sin presencia humana

[8] Garoé, Xilografía. En Teodoro De Bry, *América Lib. VI*, Fráncfort, 1596.

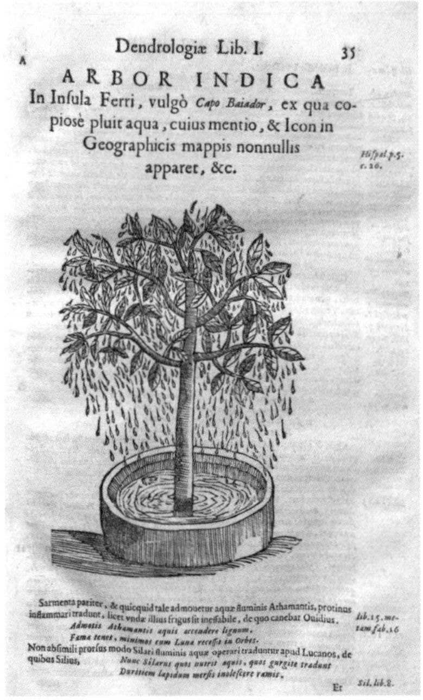
Dendrologiæ Lib. I. 35

ARBOR INDICA

In Insula Ferri, vulgò *Capo Baiador*, ex qua copiosè pluit aqua, cuius mentio, & Icon in Geographicis mappis nonnullis apparet, &c. *Hispal. p. 5. c. 26.*

Sarmenta pariter, & quicquid tale admouetur aquæ fluminis Athamantis, protinus inflammari traduntur, licet vndæ illius frigus sit ineffabile, de quo canebat Ouidius. *lib. 15. metam fab. 16*

Admotis Athamantis aquis accendere lignum.
Fama tenet, minimas cum Luna recessit in Orbes.

Non absimili prorsus modo Silari fluminis aquæ operari traduntur apud Lucanos, de quibus Silius,

Nunc Silarus quos nutrit aquis, quos gurgite tradunt
Duritiem lapidum mersis inolescere ramis.

Et *Sil. lib. 8.*

[9] Garoé. Xilografía. En Ulisse Aldrovandi, *Dendrologiae naturalis scilicet arborum historiae libri duo...*, Bolonia, 1667.

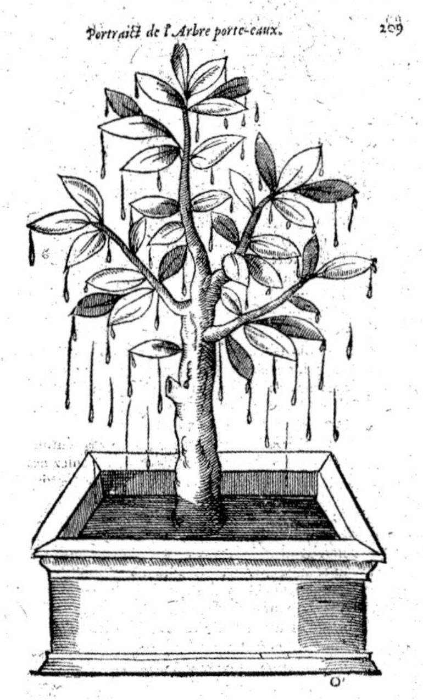

[10] Garoé. Xilografía. En Claude Duret, *Histoire admirable des plantes et herbes esmerveillables & miraculeuses en nature &c.*, Paris, 1605.

[9],[37] modelo utilizado también por Claude Duret en su *Histoire admirable,* aunque el francés ha remplazado el estanque circular de Aldrovandi por un rectangular [10].[38] Duret refiere al relato de Benzoni, pero ni su garoé ni el de Aldrovandi tienen deuda alguna con los modelos iconográficos anteriores.[39] En variaciones más o menos fieles al modelo de De Bry, a veces con un aire más bucólico e idílico, la imagen ha perdurado hasta hoy día [11] [12].[40]

---

37 Aldrovandi (1667: 35).

38 En la imagen publicada por Paullini (1717: 274), el árbol cuya cumbre emerge de las nubes y el grupo de canarios que van recogiendo el agua derivan del modelo benzoniano, pero el estanque circular ha sido remplazado por dos cisternas rectangulares. Antonio Paullini era un seudónimo de Johann Jacob Schmauß (1690-1757).

39 Duret (1605: 207-209).

40 Para una lista preliminar, véase Barrios García (2010).

[11] Garoé. Céramica herreña contemporánea.

[12] Miguel Noble. Mural. Parque Taoro, Puerto de la Cruz, Tenerife.

A estas consideraciones sobre las imágenes del árbol garoé de El Hierro podemos añadir una representación en tres dimensiones. En un desfile organizado en la corte de Federico I en Stuttgart en 1599, el duque mismo representaba el papel de "Reina de América".[41] Tras tres caballeros europeos caminaban dos figuras que representaban a Américo Vespucio y a Cristóbal Colón. Las figuras sucesivas del desfile fueron cuatro personas en traje amerindio y un árbol de cuyas hojas destilaban gotas de agua [13]. El árbol canario no es el único elemento del desfile que está en desacuerdo con el contexto americano, ya que la figura de un habitante primitivo de las islas Británicas evidencia la misma falta de precisión geográfica. Sin embargo, se explica el recurso a estos elementos heterogéneos por la presencia de sus imágenes en las páginas de la gran compilación de la familia De Bry. El primer tomo de *América* (1590) contenía, en un apéndice, cinco grabados "de los pueblos llamados pictos, que antaño ocuparon un distrito en Inglaterra" para demostrar así

[13] Procesión de la Reina de América. Acuarela, c. 1599. Stiftung Weimarer Klassik und Kunstsammlungen, Schloßmuseum, Graphische Sammlung.

41 Bujok (2004: 13-23).

"que tan salvajes eran los ingleses hace años como lo son agora los virginianos".[42]

Como muestran los dos ejemplos alemanes de la última década del siglo XVI citados arriba —la publicación de la familia De Bry y la representación en la corte de Stuttgart— para escribir las biografías de las imágenes americanas, no es ni siquiera suficiente peinar la amplia zona del mundo atlántico entero, incluyendo las islas Canarias. Las rutas por las que pasan las representaciones (y el caso de la corte a Stuttgart es un recordatorio de la necesidad de incluir también representaciones dramáticas o en tres dimensiones) se extienden aún más allá, en el caso presente tocando Italia y Alemania.

42 Para la convergencia entre la iconografía de los primitivos habitantes de Europa del norte y América, véase Egmond y Mason (1997: 158-160). Los grabados de los pictos fueron basados en dibujos del artista británico John White. Véanse Hulton (1984), Sloan (2007: 153-163 y 2009).

Capítulo III

Desde las Canarias a Nueva España y de vuelta

Una pulsera de dijes

El ahuehuete que fue remplazado por el garoé canario en el grabado de la *Rhetorica Christiana* es un ciprés acuífero que crece casi exclusivamente en terrenos donde hay abundancia de agua (hoy amenazada de extinción por la sobreexplotación del manantial subterráneo) [1]. Como la palmera que nutrió a la Sagrada Familia durante la huida a Egipto, este árbol "descubre con sus raíces el manantial que corre bajo tierra". Debido a su alteza, igual que la ceiba, el ahuehuete (*ahuehuetl*, "viejo del agua" en náhuatl) era considerado un ente sagrado en la época prehispánica y en algunas regiones ha mantenido su carácter ritual hasta la actualidad, además de poder jactarse del título de árbol nacional de México desde 1924. Uno de los más importantes ejemplares del país era el ahuehuete de Atlixco (Puebla). La leyenda de una cartelera mexicana que representa el árbol narra que, en el año 1787, el tronco del ahuehuete albergaba a cien personas, pequeñas y grandes.[1]

Otro ahuehuete célebre se encontraba cerca de Tacuba, al noroeste de Tenochtitlán. El 30 de junio del año 1520 Hernán Cortés y los suyos huyeron de la capital azteca tras el ataque provocado por la muerte de Moctezuma y la pérdida de casi la mitad de sus 1.400 soldados españoles más un gran número de los 2.000 aliados tlaxcaltecas. Según la historia, descansaba y lloraba bajo la copa de un ahuehuete. El simbolismo resulta

1 El lienzo se encuentra en el IES El Greco, Toledo.

[1] Ahuehuete. Chapultepec, Ciudad de México.

obvio: ¿qué árbol podría combinar mejor con las lágrimas del conquistador? Esta solidaridad entre el ahuehuete y el hombre se mostraba también en sus diferentes usos, muchos de ellos medicinales: por ejemplo, según Francisco Hernández, su corteza incinerada tenía muchas propiedades curativas para la piel, mientras que en sahumerio atraía los fetos y las secundinas.[2]

Uno de los soldados de Cortés, Juan Rodríguez de Villafuerte, había llevado consigo a Nueva España una imagen de Nuestra Señora de los Remedios. Durante esa Noche Triste la escondió debajo de un maguey (*metl* en náhuatl), planta que, entre sus varios usos, sanaba las llagas o heridas frescas. Veinte años después, la Virgen se le apareció varias veces a un indio cacique, Juan Ceteutli, y le dio una cinta como remedio eficaz de una herida que había sufrido mientras trabajaba en la iglesia del pueblo de Tacuba. Además, le señaló el paradero de la imagen escondida que él, tras haber encontrado, llevó primero a su casa y después, al convento de Tacuba. Varias pinturas representan la historia milagrosa, empezando con la decoración mural, desafortunadamente desaparecida, del santuario de Los Remedios de Tacuba e incluyendo tres pinturas del *Hallazgo de la imagen de la Virgen de los Remedios* del siglo XVIII. Estas pinturas muestran al cacique indio mientras alaba a la Virgen, que viste los colores tradicionales rojo y azul, aparecida encima o dentro de un maguey.[3] Los colores de la saya carmesí y del manto azul corresponden a la imagen conocida como Nuestra Señora La Conquistadora [2], una escultura de pequeño tamaño procedente de la ciudad de Malinas (Bélgica) que se conserva hoy día en la iglesia de San Francisco, Puebla, "una de las piezas escultóricas europeas más antiguas que todavía se conservan en México", aunque no se puede afirmar con certeza lo que se afirma tradicionalmente, es decir, que Hernán Cortés fuera quien llevó a La Conquistadora a Nueva España.[4]

Claro que los españoles que llevaban tallas de bulto consigo al Nuevo Mundo acarreaban no solo las imágenes, sino también el bagaje mental que las acompañaban, así que la historia de Nuestra Señora de los Remedios recuerda a la de Nuestra Señora de La Salceda, que se les había aparecido en los ramos de un sauce a dos caballeros de la Orden de San Juan en Guadalajara,

2 Hernández (1649: 92-93); Montúfar (2002).
3 Fernández (2005: 344-347).
4 Fallena (2012: 67-93).

[2] Nuestra Señora La Conquistadora. Madera dorada y policromada. Malinas, Bélgica, c. 1520. Templo de San Francisco, Puebla de los Ángeles, México.

[3] Francisco Heylan. *Aparición de la Virgen.* Grabado. En Pedro González de Mendoza, *Historia del Monte Celia de Nuestra Señora de la Salceda*, Granada, 1616.

España, en el año 1236. Nuestra Señora de La Salceda llegó al Nuevo Mundo a través de un grabado hecho por Francisco Heylan en el siglo XVII [3].[5]

Otra aparición de la Virgen asociada con un árbol milagroso en Nueva España tuvo lugar en 1541, un año después de su aparición a Juan Ceteutli. Esta vez la ubicación geográfica ha pasado del centro del valle de México (la región de las apariciones de Nuestra Señora de los Remedios y de la Virgen de Guadalupe), hacia el sureste, Ocotlán, en los alrededores

5 Stratton-Pruitt (2006: 146-147).

[4] Bernard van Orley (al modo de). *La Virgen y el Niño al lado de una fuente*. Óleo sobre tabla. Comienzos del siglo XVI. Kelvingrove Art Gallery & Museum.

de Tlaxcala. Su nombre deriva del ocote, el pino mexicano, "cuyo licor, que llaman liquidámbar, cura heridas, y mezclado con polvos de su mesma corteza, es gentil perfume y olor suave".[6] La historia cuenta que la Virgen se le apareció al indio Juan Diego Bernardino, que buscaba agua para los enfermos de la peste en Tlaxcala, y le indicó un manantial en un bosque con agua de eficacia curativa. La asociación entre la Virgen y las aguas manantiales es frecuente: se refleja, por ejemplo, en las versiones de la Anunciación en que la Virgen y el Niño están a lado de una fuente [4], y en la advocación mariana *puteus viventium aquarum*, o sea, pozo de aguas vivas.[7] El día siguiente, acompañado por los frailes del convento de San Francisco, Juan Diego volvió al bosque y se asombró a la vista de los árboles que parecían arder sin consumirse. Entre los árboles cortaron y abrieron un ocote, dentro del cual encontraron una imagen de la Virgen, que fue trasladada a la capilla de San Lorenzo en la cumbre de la loma. La primera representación gráfica del acontecimiento, hecha por Antonio de Santander, está fechada en los años 1670-1680, un siglo antes de la serie de cinco lienzos que decora la antesacristía del santuario de Ocotlán hechos por Manuel Caro.[8] La relación entre el ocote y el manantial no puede ser casual: uno y otro están asociados por sus virtudes curativas. Y no falta un lazo con las islas canarias: encontraremos abajo al canario Domingo Pantaleón Álvarez de Abreu, en cuya biblioteca se encontraba entre otros libros una *Historia de Nuestra Señora de Ocotlán*, y su sobrino tinerfeño Pedro de la Cámara Brito y Abreu, nacido en La Laguna, quien en 1755 "aparece, junto a otros isleños, asistiendo a su tío en la Jura del Patronato de Nuestra Señora de Ocotlán sobre Tlaxcala".[9]

En las afueras de lo que hoy día es el límite del recinto arqueológico de Cacaxtla, en la misma provincia de Tlaxcala, en el pueblito llamado Natívitas, se encuentra el santuario de San Miguel del Milagro (anteriormente santuario del Ángel Miguel del Agua Santa) [5]. Su origen data del

---

6 López de Gómara, *Historia de las Indias*, citado en Pardo y López (1993: 207).

7 Cantar de los Cantares de Salomón 4:15: "Fuente de huertos, Pozo de aguas vivas, Que corren del Líbano". En el año 1256, al momento en que una imagen de la Virgen afloró de un pozo que había inundado el establo del cardenal Capocci en el barrio de Trevi, Roma, la inundación cesó; la imagen y el pozo, al cual se atribuyen virtudes medicinales, se encuentran todavía en la iglesia de Santa María in Via en ese mismo barrio.

8 Fernández (2005: 347-353).

9 Amador (2012b: 383).

[5] Santuario de San Miguel del Milagro, Natívitas, Tlaxcala, México.

año 1631, cuando el arcángel San Miguel se le apareció a Diego Lázaro, sacristán del convento franciscano. Debajo de una peña grande, le señaló una fuente de "agua milagrosa para todas las enfermedades". Diego dejó de cumplir con las instrucciones divinas y fue afligido por la fiebre tifoidea (*cocolixtli*). En la narración de la aparición que compiló el jesuita Francisco de Florencia en 1690, describe la recuperación milagrosa del sacristán y la visión que había recibido: al haber llevado a Diego a una quebrada, el arcángel tocó con su vara de oro el lugar del manantial. Y "después de ahuyentar a un torbellino de demonios que salieron con un estruendo espantoso,[10] el ángel describió los milagros que se obrarían por intercesión del agua milagrosa que allí brotaría". Diego Lázaro volvió al lugar de la peña con su padre, su madre y su esposa y, con la ayuda de dos mancebos celestiales, la retiraron y descubrieron el manantial milagroso "que santificó la virtud del Cielo, para general medicina de todas las enfermedades temporales y espirituales", como se puede leer en la cartela

10 Detalle que recuerda el poder apotropaico de la Cruz: en el folio 23v de la *Historia de Tlaxcala* de Diego Muñoz Camargo, cuatro demonios con atuendo de deidades precoloniales huyen a la vista de la erección de la primera Cruz; véase Domínguez Torres (2013: 73).

[6] *Aparición del arcángel en San Miguel del Milagro.* Óleo sobre lienzo. 1670. Santuario de San Miguel del Milagro, Natívitas.

que acompaña al lienzo anónimo de la *Aparición del arcángel en San Miguel del Milagro* en el santuario del barrio de Santa María Natívitas [6], mientras que a la entrada de la iglesia del santuario, al lado de donde se encuentra el pozo de agua santa, una placa lleva las palabras: "Y los que llegaren aquí con fe viva y dolor de sus culpas, con el agua y tierra de esta fuente alcanzarán remedio de sus trabajos y necesidades y confortarán con ellas a sus enfermos en el artículo de muerte".[11] Aquí se recuerda que, en su *Doctrina Cristiana en Lengua Mixteca*, fray Benito Hernández, predicador dominico en la provincia de Oaxaca, comparó explícitamente los siete sacramentos con "siete tipos de hierbas medicinales muy hermosas

11 Rodríguez-Miaja (2005: 354-383).

y muy apreciables, inigualables, incomparables que puso nuestro señor Jesucristo".[12] Así que cierta convergencia había entre las enfermedades temporales y las espirituales.

Tampoco debemos olvidar que, con respecto al culto nacional de la Virgen de Guadalupe, aunque los elementos más sobresalientes son las rosas y la imagen de la Virgen impresa en la tilma del indio Juan Diego, en dos cuadros de *Juan Diego arrodillado* en el Museo de la Basílica de Guadalupe, se representa al protagonista al lado de una fuente o pozo con tres borbotones, mientras que en *El milagro del pocito*, en la capilla del Palacio de Minería, mira el agua que mana del lugar de la aparición de la Virgen.[13]

Dentro de este conjunto de apariciones divinas hay elementos recurrentes, pero que no están todos presentes en cada aparición. Por ejemplo, tres de los receptores de las apariciones se llaman Juan: ¿acaso es una coincidencia, o hay una alusión implícita al rol de testigo de una revelación divina semejante al del autor del libro del Apocalipsis? La mayoría son apariciones marianas, pero, en el caso del santuario de Santa María Natívitas, el operador divino es el arcángel Miguel (muy venerado en la región y quien, recordemos, fue asimilado al Huitzilopochtli prehispánico por su carácter de guerrero). Otro tema recurrente es la resistencia de los frailes locales a dar creencia a lo que relatan estos testigos. En algunos casos encontramos árboles milagrosos; en otros, manantiales creados por intervención divina; o una ósmosis de la presencia de un árbol milagroso y de una fuente divina.

Sin embargo, con gran dificultad podríamos encontrar un denominador común, pues la Virgen sobre un árbol y un arcángel que revela un pozo no son la misma cosa. Y todavía, hemos visto que se puede hilar todas estas historias traslapadas como los adornos heterogéneos entre sí de una pulsera de dijes.

El filósofo Ludwig Wittgenstein tenía un término para este tipo de conjunto: semejanzas familiares, es decir: "una compleja red de semejanzas, traslapándose y atravesándose: a veces semejanzas generales, a veces semejanzas en detalles".[14] También recurría a la metáfora del hilo, en que varias fibras se trenzan; "la fortaleza del hilo no reside en el hecho de que una fibra le atraviesa en su largo entero, sino en el traslaparse de muchas

12 Jansen y Pérez (2009: 165).

13 Fernández Quintero (2005: 339-343).

14 Wittgenstein (1958: §66).

fibras".[15] Es el concepto de semejanza familiar lo que nos permite unir historias de agua bendita, árboles milagrosos y remedios curativos en una cadena morfológica bajo el mismo rubro de apariciones marianas en Nueva España que ahora vamos a extender hasta las Canarias.[16]

Nuestra Señora del Pino y la Virgen de Candelaria

Estos escenarios no le habrían sorprendido a alguien que hubiera pasado por las Islas Afortunadas. En el norte de la isla canaria de Gran Canaria, en el pueblo de Teror, se encuentra el importante santuario de Nuestra Señora del Pino, probablemente constituido a finales del siglo XVI o al principio del XVI [7].[17] Textos del siglo XVII recuerdan un pino cana-

[7] Santuario de Nuestra Señora del Pino, Teror, Gran Canaria.

15 Wittgenstein (1958: §67).
16 El concepto de semejanza familiar se desarrolla en Egmond y Mason (1997).
17 La primera referencia documental a la advocación de Santa María de Teror está fechada en el año 1514.

[8] Pino canario al lado del santuario de Nuestra Señora del Pino, Teror.

rio —un árbol que puede alcanzar dimensiones impresionantes— [8] de unos 40 metros de altura y 2 metros de diámetro, en cuya copa estaban plantados tres dragos gemelos, a los cuales volveremos, de algo más de 2 metros de altura cada uno. A su vez, los dragos encerraban entre sus raíces una piedra con un grabado que la tradición supone ser las huellas de los pies de la Virgen. A la caída del Pino, ocurrida un aciago lunes de Pascua, 3 de abril de 1684, solo quedaba en pie uno de los dragos. Al pie del pino manaba una fuente, supuestamente considerada medicinal por los antiguos canarios,[18] cuya agua "[...] la llebaban los canarios, para dar de veber a sus enfermos, i otros tullidos, i de diferentes achaques venían a labarse la parte enferma y verdaderamente sanaban".

Efectivamente, las resinas fueron empleadas para todo tipo de heridas y las piñas molidas sirvieron para aliviar las fiebres.[19] La recuperación de esta descripción del origen de la devoción de Nuestra Señora del Pino escrita por el historiador teldense don Tomás Marín de Cubas, que había estudiado medicina en Salamanca, se debe al historiador tinerfeño José Barrios, que en 1990 descubrió, traspapelados en la Biblioteca Municipal de Santa Cruz de Tenerife, dos dibujos del Pino que en ese entonces el autor suponía efectuados por Marín en 1682, solo dos años antes de la caída del pino.[20] En ellos puede apreciarse con total claridad los distintos elementos que componían en esa época el santuario: el pino con el único drago que sobrevivía en su copa, la campana que colgaba de su primera rama, el muro que rodeaba su base, y la pequeña iglesia adosada. Barrios añade que un árbol que encierra una piedra entre sus raíces representa la unión simbólica de las dos almas que la tradición norteafricana atribuye a cada persona. Aparentemente, pues, nos encontramos ante una fusión de cultos norteafricanos y católicos.

Sin embargo, como ha demostrado Gustavo Trujillo Yánez, no existe evidencia que corrobore la hipótesis de una continuidad entre el culto católico y las culturas prehispánicas de la isla. La presencia de dragos mucho más jóvenes que el árbol que los albergaba, más el hecho de que el interés de los cronistas y de los artistas gráficos no despertó antes del siglo XVII, sugieren que la adecuación del escenario del culto de Nuestra Señora del Pino fue imponiéndose gradualmente "[...] en un intento de equiparar el origen de la Virgen del Pino con el de Candelaria, dotando también a la primera de un 'pasado glorioso' cuyo origen se

18 Supuestamente porque las referencias a sus propiedades medicinales se basan en la tradición oral.

19 Trujillo Yánez (2008: 266 nota 15).

20 Barrios García (1993). Análisis posterior de las filigranas por Eff-Darwich (2012) ha demostrado que el manuscrito en cuestión no puede ser anterior a los años 70 del siglo XVIII, pero nada excluye la hipótesis de que los dibujos sean copias de los originales de Marín de Cubas.

[9] Nuestra Señora del Pino.

remonte a la época prehispánica como forma de conseguir una mayor legitimidad".[21]

Esta gradual imposición del culto de Nuestra Señora del Pino [9] se refleja en un pequeño mármol alabastrino de la Virgen con el Niño ya

21 Trujillo Yánez (2008: 263).

inventariado en la iglesia de San Juan Bautista, San Juan de la Rambla, Tenerife en 1545. Al llegar al puerto de Trapani, en la costa oeste de Sicilia, durante una tempestad, el modelo original, probablemente fabricado en Chipre por un escultor pisano en el siglo XIV, fue venerado en el santuario de la Annunziata de la misma localidad. Los 40 talleres de Trapani trabajaban para satisfacer la demanda de la obra amadísima gracias a la dulzura de la Madre y la ternura de la composición, y sus productos se difundían por la península y más allá.[22] El bulto fue identificado como "nuestra Señora de la consolasyon" en 1580. En el siglo XVIII, sin embargo, se modificó la estatua para ajustarla a la ascendencia de la advocación mariana grancanaria de Nuestra Señora del Pino.[23]

[10] Cueva de San Blas, Candelaria, Tenerife.

22 Cabello Díaz (2012), Franco Mata (1983). Hay ejemplos guardados en las Canarias en Gran Canaria (Las Palmas), Tenerife (La Laguna e Icod de los Vinos) y Lanzarote (Mozaga), AA.VV. (2003: 78).

23 AA.VV. (2003: 77).

El modelo para este caso de la invención de la tradición[24] es el de la Virgen de Candelaria, Tenerife, presumiblemente llevada a las costas canarias por los franciscanos andaluces en los años 40 del siglo XV. Según las fuentes literarias, todas más de un siglo posteriores a la aparición de la imagen, una estatua de la Virgen se apareció a dos guanches en la cueva de Achbinico (en la actualidad la cueva de San Blas [10] al lado de la basílica moderna de la Candelaria). De acuerdo con otra versión, apareció en la playa del Socorro de Güímar o de Chimisay en la misma costa oriental de Tenerife y fue colocada por el mencey en la cueva sobre la cual se encuentra la ermita del Barranco de Chinguaro (Güímar). La imagen original se perdió cuando un tsunami la arrastró al mar en 1826; la réplica en bronce de la cueva de San Blas es obra de Fernando Estévez (1788-1854), escultor oriundo de La Orotava, Tenerife [11]. Por varias copias sabemos que Estévez fue fiel a la imagen original, marcada por una fuerte frontalidad,[25] que representaba la Virgen de pie con el pelo suelto. Sujetaba al Niño en el brazo derecho y una vela verde (símbolo de la esperanza) en el brazo izquierdo.[26] Con el transcurso del tiempo, se nota una tendencia a aumentar el plazo de permanencia de la estatua entre los guanches antes de su colocación en un santuario católico. Podemos suponer una motivación semejante a la que impulsaba a los grancanarios a buscar su legitimación ideológica "tanto en su presentación como descendiente del noble conquistador como de un virtuoso aborigen".[27]

Si la imposición de un culto peninsular en Gran Canaria respondía más a los intereses de ciertos prebendados y regidores en el siglo XVII que a una devoción prehispánica, nada impedía su exportación al Nuevo Mundo. Las relaciones entre Teror y México se evidencian en el hecho de que la peana de piedra verde que había servido de sustento a la Virgen del Pino en el municipio grancanario llegó a ser venerada en la parroquia de la Concepción de Puerto Campeche, en Yucatán. Por otro lado, varias

---

24 Término introducido por Hobsbawm y Ranger (eds.) (1983).

25 Una sorprendente Virgen de Candelaria que no se ajusta a este modelo frontal, sino que muestra ternura inclinando la cabeza hacia el Niño Jesús —una actitud más consonante con la Virgen de Trapani o del Pino, por ejemplo— se encuentra en la capilla de la Candelaria, en la iglesia de Nuestra Señora de la Concepción de La Orotava, Tenerife (AA.VV. 2017: 32).

26 Hernández Perera (1975).

27 García Cárcel (1999), citado por Trujillo Yánez (2008: 262).

[11] Fernando Estévez. Réplica de la Virgen de Candelaria. Bronce. Candelaria, Tenerife.

piezas del apreciable tesoro de la basílica de Nuestra Señora del Pino, entre las cuales se encuentra un crucifijo de nácar y carey con incrustaciones de plata, atestiguan la existencia de un trasporte de bienes preciosos por la ruta opuesta.[28]

Otro eco de la Candelaria nos lleva a Chile. En su *Histórica relación del Reyno de Chile*, el jesuita Alonso de Ovalle actúa conforme a la doctrina jesuita de la *accommodatio* ("el trazar similitudes entre las prácticas, creencias y imaginarios de las distintas culturas para propiciar su mutua adaptación").[29] En su descripción de los varios mariscos de la costa chilena, Ovalle menciona los *mañehues*,[30] cuyas dos conchas "son redondas de la figura, de los que sirven de modelo para los nichos de los retablos". Con esta evocación de la arquitectura eclesiástica, el autor prepara al lector para la revelación de su contenido:

> Abriendo la concha [...] y sacando la comida, se ve estampado dentro de ella un contorno de color morado, parecido al de una Imagen de la Virgen Santissima con su manto, y el niño en los braços, que causa gran consuelo, y devoción, y aunque se representa esto en todas las conchas de esta especie, pero en algunas es con tan gran primor, que admira.[31]

Aunque en general es parco con respecto a las maravillas,[32] Ovalle emplea la misma estrategia para introducir su narración del milagro de la Virgen de Arauco. Relata que, en Arauco, en el sur de Chile, había "una peña hecha en forma de capilla o nicho, dentro del cual se ve la prodigiosa imagen de Nuestra Señora, que va aquí estampada, con su preciosísimo Hijo en brazos" [12].[33] La palabra "capilla" ya prepara al lector para la interpretación de las figuras en la pared como las de la Virgen con su Hijo. Nuestro autor continúa con una descripción detallada de los colores de esta pintura:

> Es de ver la piedra negra que forma el cabello tendido por la cabeza y cuello hasta la espalda, y la piedra blanca que representa el rostro vuelto a un lado y en perfil, de manera que se ve solamente uno de los ojos, negro, con grande propor-

28 Hernández Socorro (2000: 85).

29 Accatino (2016: 174).

30 Los *mañehues*, objeto de consumo familiar en el canal Beagle, pertenecen a la familia *Fissurellidae* de la clase gastrópoda; véase Zaixso y Boraso de Zaixso (2015: 120-121).

31 Ovalle (1646: 41-42).

32 Hanisch (1976: 256).

33 Ovalle (1646: 393).

[12] La Virgen de Arauco. Grabado. En Alonso de Ovalle, *Histórica relación del Reyno de Chile*, Roma, 1646.

ción y hermosura. El vestido o túnica parece un rosal hasta la cintura, y el manto es de color naranjado y el aforro que se descubre, azul.[34]

La imagen no era un hallazgo reciente: los indígenas ya la conocían mucho antes, pero no le habían hecho caso. El relato llegó a oídos de Ovalle porque un niño indio, sin duda bajo la influencia de la misión, había reconocido en ella la figura de la Virgen con el Niño. A Ovalle le recuerda la imagen de la Virgen encontrada en La Candelaria, en Tenerife, viajando así en su imaginación entre ambas orillas del Atlántico. En términos iconográficos, la Virgen de Candelaria y la de Arauco tienen poco en común, pero lo que las une en la mente del jesuita es su aparición milagrosa.

Ovalle menciona una propiedad particular de la pintura chilena: solo se veía bien cuando era observada a una cierta distancia. Si el observador se acercaba a la imagen, los colores se volvían "borrones sin distinción ni proporción de miembros". Es un detalle que no podía no interesar al jesuita alemán Athanasius Kircher, quien publicó un libro sobre la luz y la sombra en el año 1646, el mismo año de publicación del libro de Ovalle.[35] Los dos jesuitas coincidieron en Roma en ese año para la VIII Congregación General de la Orden, y años después Kircher publicó su traducción del texto de Ovalle del español al latín en su *Mundus subterraneus*, refiriéndose a la "verdadera imagen no pintada por algún maestro artesano, sino por el Autor de la natura".[36] Más escéptico, Kircher la consideraba la mera proyección óptica de luces y sombras, pero aun así le atribuía un carácter milagroso. Ese carácter residía, sin embargo, no en la imagen misma, sino en su capacidad de suscitar una gran devoción a la Virgen por parte de los que acudían a verla.[37]

El tráfico de las imágenes y los cultos devocionales locales

Debemos recordarnos que, merced a los constantes vientos alisios y las fuertes corrientes marinas, las Canarias constituyeron la última escala de

34 Ovalle (1646: 393).

35 Kircher (1646).

36 Kircher (1678: tomo II, libro II, 48). Sobre las imágenes milagrosamente realizadas "por mano no humana" (*acheiropoieta*), véanse los ejemplos recopilados por Palomino (1715-1724: Lib. Segundo, Cap. XI) y Portús Pérez (2016: 19-93).

37 Accatino (2012).

los navíos europeos antes de cruzar el Atlántico (la ruta que tenían que tomar cuando volvían de América pasaba, al contrario, por las Azores).[38] En este sentido, la existencia de la ruta de tránsito es indudable. Las islas Canarias, por tanto, con sus habitantes, flora y fauna, constituían una fuente permanente de material comparativo que ayudaba a los viajeros a articular las similitudes y diferencias entre el Viejo y el Nuevo Mundo. Se recuerda igualmente que, antes de su aventura americana, Colón había propuesto al rey portugués la provisión de algunos navíos para descubrir la isla de Cipango, y que los especialistas consultados en esa ocasión habían tenido las palabras de Colón por vanidad, "por tudo ser fundado *em imaginações*, e cousas da Ilha de Cypango de Marco Paulo".[39] No resulta tan extraño, entonces, si en este juego de imágenes y de imaginaciones a veces encontramos un tráfico entre las imágenes del Nuevo Mundo y las imágenes de las Canarias, y viceversa.

Al desembarcar en Veracruz en 1519, la ruta que tomaron Hernán Cortés y sus fuerzas pasaba por la región donde se localizan las apariciones marianas y aguas santas mencionadas arriba, es decir, Tlaxcala y Puebla-Cholula, antes de llegar a Tenochtitlán [13]. Por motivos obvios, para llevar

[13] La ruta de los conquistadores: Veracruz-Cempoala-Xalaplan-Tlaxcala-Cholula-Tenochtitlan.

38 De Matos (1982).

39 Barros (1552: déc. I, lib. 3, cap. 11), citado por Loureiro (2009: 15).

el cristianismo a México, los franciscanos (que gozaban de la preferencia de Cortés) y los dominicos recorrieron el mismo itinerario.[40] A su vez, las sucesivas olas de migrantes seguían sus huellas. Sabemos que muchos de los migrantes que buscaban su fortuna en América mantenían su profunda devoción a los cultos locales que habían dejado en su país nativo,[41] y un siempre creciente volumen de investigaciones detalladas ha desvelado el rol del componente hispanoamericano en el legado de las importaciones artísticas en las Canarias.[42] Podemos señalar el caso del mercader tinerfeño Juan de Molina y Barrios, fallecido en Oaxaca en 1699, que encargó a Bartolomé de Mesa y Castilla, "vecino que asimismo fue de La Laguna residente por entonces en Oaxaca", a su regreso a Tenerife, la donación de una talla de bulto de Nuestra Señora de los Dolores para la parroquia de Los Remedios, la catedral de La Laguna, la entonces capital de la isla.[43] Otro ejemplo: el grancanario Juan Fernández Vélez, deán de Oaxaca, no dejó de enviar una talla de Nuestra Señora del Rosario desde Puebla de los Ángeles a la iglesia de San Sebastián, Agüimes (Gran Canaria).[44] Antes de morir (en 1778), el comerciante tinerfeño Francisco Gutiérrez dispuso el envío al convento de San Agustín en su nativo Tacoronte de una efigie del Cristo de los Dolores que había comisionado a su compadre Juan Pedro López en 1755 y que, según su declaración, siempre había llevado consigo.[45]

En 1790 Juan de Dios Betancourt (apellido "de innegable estirpe isleño")[46] pintó un "verdadero retrato" de Nuestra Señora del Pino para un

40 *Arqueología mexicana* (2014).

41 Para un análisis de la distribución de los bienes de 156 canarios fallecidos en las Américas, véase Muñoz Pérez (1980).

42 Trujillo Rodríguez (1977), Calero Ruiz (2008a y 2008b).

43 Amador (2012a).

44 La obra, ahora reconocida como procedente de las Américas, ha sido en el pasado atribuida al tinerfeño Fernando Estévez; véase Martínez de la Peña (1977: 481).

45 Pérez Morera (2017: 70). La iconografía del Cristo de los Dolores, que está de pie y abrazado a la Cruz, es insólita (hay otra versión canaria en la cúspide del retablo de Nuestra Señora de la Peña de Francia, Puerto de la Cruz). Una versión de tamaño natural, que se encuentra en el santuario agustino del Santo Cristo de los Dolores en Tacoronte, fue incluso sometida —según afirma una placa de la iglesia— a "un ruidoso proceso" por el Santo Oficio de la Inquisición a causa de las llagas excesivas "que no parecían estar de acuerdo con el texto sagrado".

46 Se recuerda que la conquista de las Canarias fue puesta en marcha por el caballero francés Jean de Bethencourt, quien fundó la antigua capital de Fuerteventura, Betancuria, en 1404.

altar-retablo en la parroquia de Santa Ana, Tzintzuntzán, Michoacán.[47] En esta adaptación de una advocación isleña, el artista copió fielmente el grabado que había sido publicado en Madrid ocho años antes en la *Novena en obsequio, y culto de María Santísima...* del canónigo Fernando Hernández Zumbado, y que por lo tanto gozaba de una amplia difusión.[48] Empleó también los colores emblemáticos del azul para el manto y rojo para el traje, pero cambió el color de los cabellos rubios de la Virgen para darle una apariencia mestiza. Aún más, mantuvo los dragos milagrosos a los pies de la Virgen, aunque este árbol no se conocía en Nueva España, siendo el drago endémico de las Canarias, como hemos visto en el Capítulo 1 [14]. La ignorancia del drago en Nueva España se demues-

[14] Juan de Dios Betancourt. *Nuestra Señora del Pino* (detalle). Óleo sobre lienzo. 1790. Iglesia de Santa Ana, Tzintzuntzán, Michoacán.

47 Pérez Morera (1998 y comunicación personal).

48 Alzola (1960: 75), AA.VV. (2003: 81).

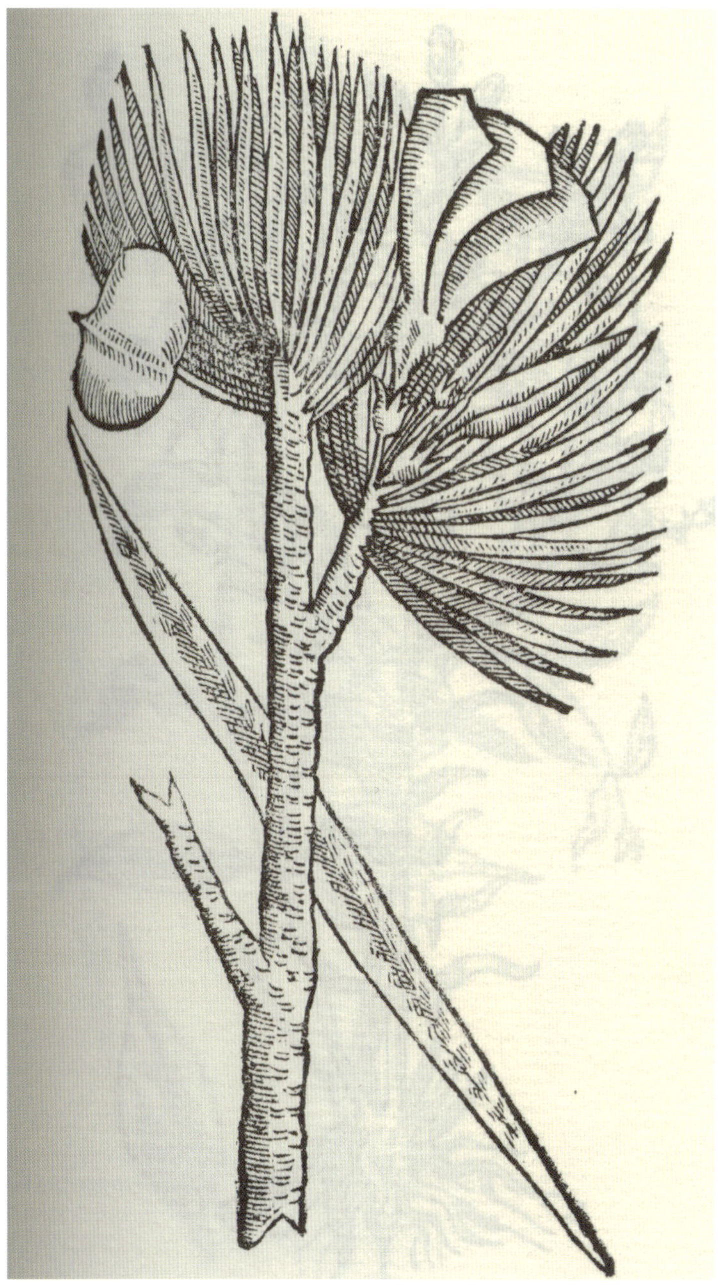

[15] *Ycottli*. Grabado. En Francisco Hernández *et al.*, *Rerum Medicarum Novae Hispaniae Thesaurus*, Roma, 1651.

tra en la presentación del árbol *ycottli* en la edición linceana del *Rerum Medicarum Novae Hispaniae Thesaurus* de Francisco Hernández [15]: aunque reconocía que las venas negras en las hojas y otras características demostraban que se trataba de algo distinto, el autor de las anotaciones, Johannes Schreck, tenía que compararlo con la imagen del drago canario que conocía solo a través de un libro, el *Rariorum aliquot stirpium per Hispanias observatarum historiae* (Amberes 1576) del botánico Charles de l'Écluse, o sea, a través de una fuente secundaria por falta de la posibilidad de observación directa con sus propios ojos.[49] A este ejemplo de la Virgen del Pino grancanaria trasladada a Nueva España podríamos añadir el de la Virgen de las Nieves, patrona de la isla de La Palma, cuyo culto llegó a la creación de una ermita bajo su protección en la Quinta de los Canarios en La Habana, Cuba.[50]

Así, un creciente número de objetos empezaron a llegar desde el Nuevo Mundo a las Canarias, comenzando con los crucificados novohispanos en papel y caña de maíz que fueron llevados a las islas ya en el siglo XVI.[51] Ya en 1555, la Virgen de Candelaria llevaba una corona de oro en la cabeza, "enbiada desde las Yndias por un devoto desta ymagen".[52] Del mismo siglo data una estatua de San Sebastián en alabastro de la iglesia de San Juan de Telde (Gran Canaria) que aparece citada en un inventario de 1579; aunque conforme a la hechura de la Europa renacentista, procede probablemente de Nueva España.[53] En los siglos siguientes llegó a las islas una gran abundancia de esculturas, cruces de carey (concha de tortuga de mar) y obras de plata labrada de las Indias:

> Canarias conserva un cuantioso y deslumbrante repertorio que tal vez no posea ninguna otra región española. En las islas es extraña la iglesia que no cuente con alguna alhaja del Nuevo Mundo, traída remitida por los indianos como

49 "Videtur arbor haec primo aspectu Clusii in rariorum Plantarum opere Draconem arbore, aut Chameriphem repraesentare, a quibus tamen multum differt: sunt enim in hac venae foliorum nigrae, flos Nerii luteus, vasculum vero Bursae pastoris simile, eiusque divisio in duo vascula apparet; unde inter Rhododendri species forsan reponenda" (Hernández 1649: 443). De l'Écluse había visto este árbol, que tenía diversos usos medicinales, en primera persona en la parte posterior del monasterio dedicado a la Santísima Virgen de la Gracia en Lisboa en 1564; véase Clusius (2005: 70).

50 Hernández Socorro (2000: 152).

51 Hernández Socorro (2000: 54, 102, 120, 122, 260 y 296).

52 Álamo (1953: 166).

53 AA.VV. (2003: 225).

[16] Cáliz. Plata sobredorada y esmaltes. Perú. 1770-1780. Catedral de Santa Ana, Las Palmas, Gran Canaria.

testimonio de su amor a las devociones isleñas y/o, en menor medida, fruto del encargo a través del comercio.[54]

Entre los numerosos ejemplos podemos citar al navegante Cayetano de Espinosa Torres, oriundo de la isla de El Hierro, que envió desde La Habana una concha bautismal de plata a la parroquia de la Concepción de Valverde en su isla nativa; la arqueta con incrustaciones de carey, marfil y ébano de la parroquia de Santa Brígida (Gran Canaria), procedente de Campeche (México); el cáliz de plata sobredorada donado a la catedral de Santa Ana en Las Palmas de Gran Canaria, obra producida en los talleres peruanos [16]; o un copón panameño en el convento de las concepcionistas franciscanas en Garachico (Tenerife).[55] Entre los tesoros de la parroquia de Nuestra Señora de los Remedios en La Laguna (Tenerife) se encuentran no solo un mármol alabastrino de la Virgen de Trapani al cual aludimos arriba, sino también una estatua en madera policromada de San Judas Tadeo, pieza mexicana de las primeras décadas del siglo XVIII enviada por los generosos emigrantes e indianos [17].[56] Y la decoración de una cruz de altar de madera con incrustaciones de nácar y carey (siglos XVII-XVIII) en el Museo de Arte Sacro de la iglesia de Nuestra Señora de la Peña de Francia, Puerto de la Cruz, es de clara ascendencia mexicana [18].

Un lugar extraordinario en dicha circulación de imágenes ocupa la ciudad de Puebla de los Ángeles (México). La destreza de sus plateros se evidencia en el juego de aguamanil del santuario del Cristo de La Laguna [19], cuya jarra "refleja la influencia de los modelos renacentistas y manieristas a la italiana, en especial en el pico vertedor, de amplia curva, y en el asa, en forma de cariátide femenina de doble 'ce', y cola foliácea".[57] Entre los regalos suntuosos que fueron mandados de Puebla a las Canarias está la donación al convento de La Candelaria hecha por don Juan López Agurto de la Mata, quien nació en La Laguna en 1572 y ejercía la función de canónigo magistral en la ciudad angelopolitana antes de ser nombrado obispo de Caracas.[58] La donación de

54 Calero Ruiz (2008c: 225).

55 AA.VV. (2003: 370-371, 405, 538, 584).

56 *Herencia* (2014-2015: 41 y 32).

57 Pérez Morera (2017: 26). El autor sugiere que pudiera tratarse del aguamanil dejado en La Laguna por los miembros de la Orden de los Hermanos de Belén que partieron desde allí camino al Nuevo Mundo en 1725.

58 Pérez Morera (2017: 25).

[17] San Judas Tadeo. Madera policromada. México, c. 1714.
Catedral de Nuestra Señora de los Remedios, La Laguna, Tenerife.

[18] Cruz de altar. Madera, nácar, carey. México. Siglos xvii-xviii. Museo de Arte Sacro, Iglesia de Nuestra Señora de la Peña de Francia, Puerto de la Cruz, Tenerife.

[19] Juego de aguamanil. Plata. Puebla de los Ángeles, México, c. 1690-1700. Santuario del Cristo, La Laguna, Tenerife.

una arqueta del monumento a la parroquia de San Lorenzo en Las Palmas de Gran Canaria atestigua la devoción del grancanario doctor don Juan Agustín Naranjo y Nieto a sus orígenes y a la Virgen del Buen Suceso: mientras que él desempeñaba la función de juez en Caracas, encargó el arca a México, [20].[59] El grado de finura de la pieza, hecha de madera con incrustaciones de carey y nácar y aplicaciones de plata, apunta hacia Puebla de los Ángeles, ciudad famosa por su orfebrería y donde residía su hermano, don Domingo Naranjo y Nieto, a quien encargó Juan Agustín el depósito del arca si regresaba a Gran Canaria

59 Entre los otros ejemplares de arquetas del mismo tipo se encuentra una en el Museo Franz Mayer de México.

[20] Arca del monumento. Madera, carey, nácar, plata. Caracas o Nueva España, c. 1760. Iglesia de San Lorenzo, Las Palmas, Gran Canaria.

[20].[60] La donación fue realizada en el año 1760, tres antes del fallecimiento del su protector Domingo Pantaleón Álvarez de Abreu, obispo de Puebla desde 1743 hasta 1763. Este nativo de la isla canaria de La Palma fue acompañado en la ciudad angelopolitana por el sacerdote Francisco Javier Grashuysen, proveniente de La Laguna (Tenerife), por su sobrino Pedro de Brito y Betancor, junto con su hermano Rodrigo, y posiblemente su otro hermano (Amador Marrero *et al.* 2006: 1470-1471). Entre la cantidad de obras poblanas que el obispo envió a Tenerife destaca una copa de comunión cuya tapa lleva la figura de un ángel con casco empenachado.[61]

Está bien documentada la presencia de familias canarias en Puebla: el barrio en torno a la iglesia de Nuestra Señora de Valvanera, de fundación canaria, se llamaba "Las Canalitas", corrupción de "Las Canaritas", y una capilla en la iglesia de Santo Domingo donde fueron sepultados varios nativos de las islas se llamaba "de los Canarios".[62] Como veremos en el próximo capítulo, la influencia de las culturas amerindias se percibe incluso en la fachada de la iglesia de Nuestra Señora de Regla en Pájara, Fuerteventura, con sus ángeles con cascos empenachados. Emblemática de estos movimientos de ir y venir es una estatua de Nuestra Señora de los Dolores en la ermita de esta advocación mariana en la Villa de Mazo, La Palma. El grupo escultórico de esta Piedad en madera policromada fue hecha en la Ciudad de México en el siglo XVIII, vendida en Veracruz, embarcada con destino a Campeche y, a través de La Habana, llegó finalmente a las Canarias en el puerto de Santa Cruz de Tenerife, antes de ser trasladada al puerto de La Palma.[63] En sentido opuesto, la proliferación de grabados de los Siete Dolores de la Virgen que circulaban en los Países Bajos alrededor del año 1500 dejó su influencia, probablemente por intermedio de los franciscanos, en el bajorrelieve de la Virgen con el corazón traspasado por siete espadas que se encuentra en una de las capillas posas del convento de San Miguel de Huejotzingo, Puebla, terminadas entre 1545 y 1580.[64]

60 AA.VV. (2003: 590). Sobre las donaciones que don Domingo a su vez remitió desde Puebla de los Ángeles a sus parientes en Canarias, véase también Pérez Morera (2017: 16).

61 AA.VV. (2003: 600-602).

62 Amador (2012b: 342-343).

63 AA.VV. (2003: 568-570).

64 Eichberger (2017). El tema, introducido en el siglo XIII, se deriva de la profecía de Simeón en el *Evangelio de San Lucas* 2:35: "A ti misma una espada te atravesará el alma". Véase también Eichberger (2015).

Son rutas como estas las que explican la convergencia entre cultos asociados con árboles particulares. No hay motivo para lanzar la hipótesis de la difusión: la creencia en los poderes extraordinarios de los árboles está fuertemente arraigada en muchas culturas del mundo y habrá surgido de forma independiente. Pero las semejanzas familiares quedan.

Las semejanzas familiares que hemos encontrado en Nueva España, y que hemos extendido a las islas Canarias, pueden ser temáticas (tipo "aparición en un árbol"). Sin embargo, para demostrar que tal semejanza no es totalmente fortuita, se hace preciso mostrar la existencia de una ruta a través de la cual transitaban elementos culturales, y sobre todo visuales, en ambas direcciones. En otras palabras, además de mostrar la afinidad entre un tema canario y un tema hispanoamericano, existe el desafío de mostrar un lazo a un nivel más concreto, lo que, en otro lugar, ha sido denominado la articulación entre la morfología (o las cadenas morfológicas, tipo aparición mariana) y la microhistoria.[65] Son las rutas del envío de bienes preciosos entre las Canarias y las Américas, relacionadas con el respeto de los cultos marianos en ambas orillas, las que nos proveen el perfil de ese lazo por el cual transitaban las imágenes acá y acullá a través del Atlántico.

65 Egmond y Mason (1997) y (1999).

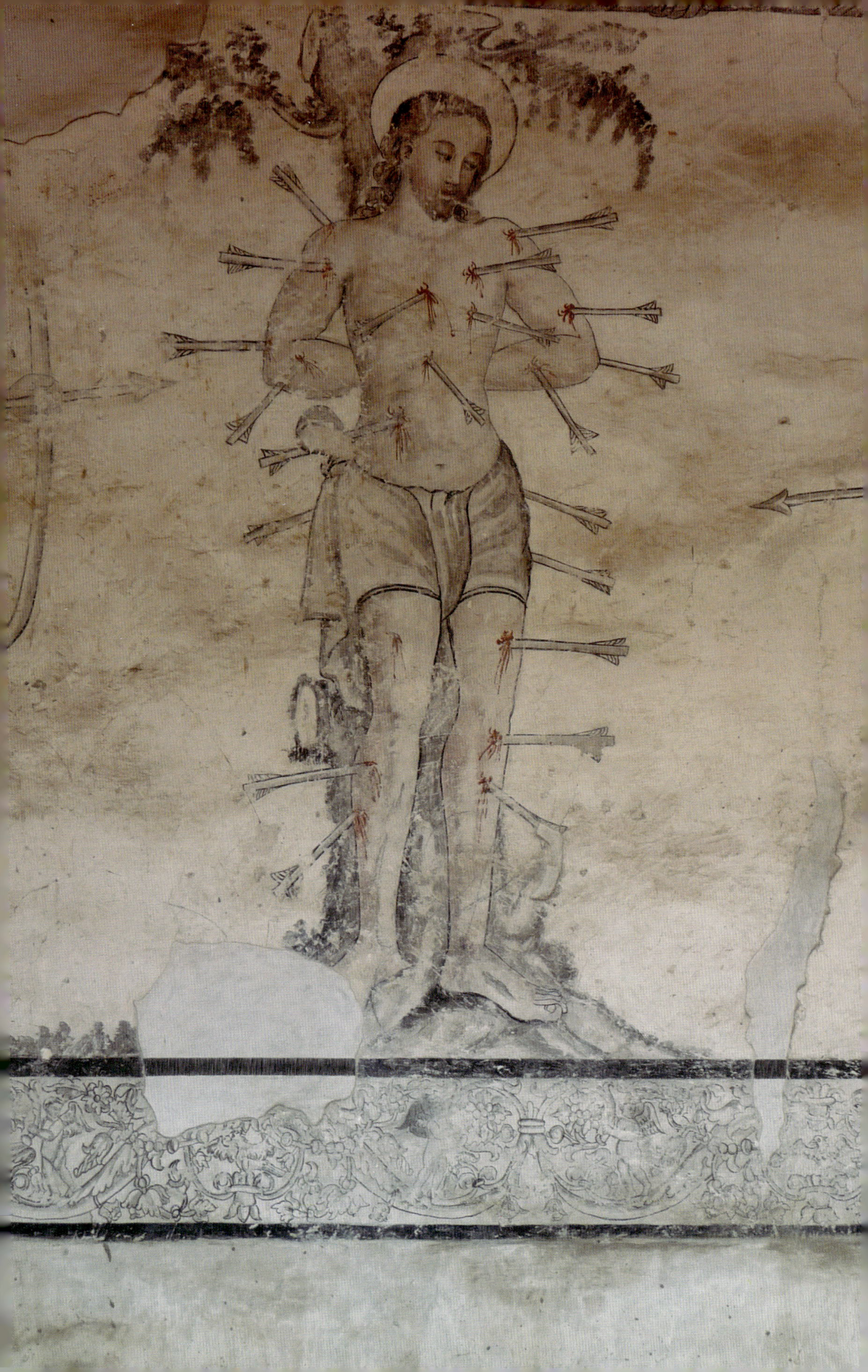

Capítulo IV

Ángeles e indígenas: Nuestra Señora de Regla, Pájara, Fuerteventura

Un corpus iconográfico irresoluble

La celebración del bicentenario de la independencia de los Estados Unidos en 1976 estimuló un buen número de publicaciones fundamentales dedicadas a la compilación de un inventario de las primeras imágenes de América.[1] Por varias razones, tal inventario nunca podría ser completado y cerrado; a veces se le agregan nuevos casos, a veces se retiran otros que ya no convencen. Por ejemplo, el historiador Carlo Ginzburg ha querido agregar el caso de un vaso, hecho en Amberes alrededor del año 1530 y ahora en la Schatzkammer de la Residenz de Múnich, en base a los hombres salvajes que forman parte de su decoración, pero el hecho de que su fisionomía es indudablemente africana y otros detalles invalidan su hipótesis.[2] Más recientemente, en un brillante ensayo que convence más, aun si bien con alguna cautela, el historiador del arte Felipe Pereda ha interpretado a los hombres salvajes y la arquitectura primitiva de la fachada del colegio de San Gregorio en Valladolid, España, fechada en los primeros años del siglo xvi, como resultado del impacto del descubrimiento del Nuevo Mundo.[3] Aún más espectacular fue el anuncio hecho por el director de los Museos Vaticanos en 2013 del descubrimiento que, al limpiar el

---

1 Por ejemplo, Honour (1976); Sturtevant (1976).
2 Ginzburg (2004).
3 Pereda (2010).

fresco de la *Resurrección de Cristo*, llevado a cabo por el artista Bernardino Pintoricchio en 1494, se había encontrado con varias figuras humanas, desnudas aparte de sus penachos de plumas, que aparentemente están bailando. Si podemos identificarlos como indígenas americanos, el fresco constituiría la primera imagen pintada de los habitantes del continente descubierto por Cristóbal Colón dos años antes.[4]

Dada la posición de las Islas Afortunadas en la ruta entre la península ibérica y el continente americano, no sorprende que la tarea de catalogación de objetos de origen hispanoamericano o de influencias indígenas se haya extendido al arte canario, aun si tal influencia es casi siempre objeto de debate. Podemos tomar el ejemplo de la decoración que aparece en los frentes de los pedestales y en el friso del entablamento del hospital de Dolores, en la calle de San Agustín, La Laguna, Tenerife [1]. Mientras

[1] Hospital de Dolores, La Laguna, Tenerife.

4 Pintoricchio revelaba un gran interés por los acontecimientos más novedosos de su tiempo también en otros campos: fue uno de los primeros artistas en usar la decoración grutesca romana inmediatamente después del descubrimiento de la Domus Aurea del emperador Nerón a finales del siglo xv (La Malfa 2009).

que un investigador la considera "decoración, [con] influencias mejicanas o coloniales trasformadas al adaptarlas a nuestro ambiente de Tenerife", otro niega cualquier influencia americana. El historiador de la arquitectura canaria López García, quien resume el debate, se pone del lado del primero: "la decoración en cuestión es del tipo de talla a bisel, en profundidad y con los bordes bien delimitados, que realmente recuerdan a las decoraciones de las colonias de la otra orilla".[5]

La Laguna era la capital de Tenerife, la isla más grande de las siete que componen el archipiélago. Si dirigimos nuestra mirada hacia la isla de Fuerteventura, a una distancia de, aproximadamente, 100 kilómetros de la costa africana, nos encontramos en un medio ambiente físico y cultural muy distinto. ¿Llegó la influencia americana hasta este rincón lejano del Atlántico?

El contexto local

Pájara, situado a unos pocos kilómetros de la costa suroeste de la isla canaria de Fuerteventura, puede parecer un lugar extremamente remoto, árido y poco prometedor para encontrar obras arquitectónicas de considerable interés [2]. Pero, en general, cuando están presentes, caso del peculiar chalé tipo *folly* de Gustav Winter, el misterioso terrateniente alemán y apasionado de la historia medieval,[6] su interés intrínseco crece con la distancia. La localización actual de Pájara ni siquiera aparece en el mapa de la isla realizado por el ingeniero Leonardo Torriani [3].[7] Estuvo emplazado, como varios otros asentamientos, en la zona interior, en la cual los arroyos y las vegas permitían la posibilidad de cultivos agrícolas. Sin embargo, en las primeras décadas después de la conquista de las islas de Fuerteventura, Lanzarote, El Hierro y La Gomera (las islas de señorío),[8] iniciada por Jean de Bethencourt en el año 1402, la capital insular se encontraba en la Villa de Santa María de Betancuria, que dista unos 15 kilómetros de Pájara. Lejos de ser un lugar insignificante, Betancuria funcionaba como el único núcleo administrativo de toda la isla —que de

5 López García (1983: 50).

6 Palacios Palomar (2011).

7 Torriani (1999: 114).

8 Las islas de realengo —La Palma, Gran Canaria y Tenerife— no fueron conquistadas por los españoles antes de las dos últimas décadas del mismo siglo.

[2] Mapa de Fuerteventura.

territorio normando pasó a manos de los portugueses y, sucesivamente, a las de los españoles— hasta el año 1834, merced a su posición estratégica por detrás de la defensa natural de la costa contra las incursiones de los corsarios y a su proximidad a una de las muy pocas fuentes de agua en una isla con precipitaciones infrecuentes.[9] Y es en Betancuria y sus alrededores donde se encuentra la concentración más densa de joyas arquitectónicas de la isla, entre ellas, el templo de Santa María de Betancuria, iniciado hacia 1420, y el ex convento franciscano de San Buenaventura, que re-

9 López García (2011).

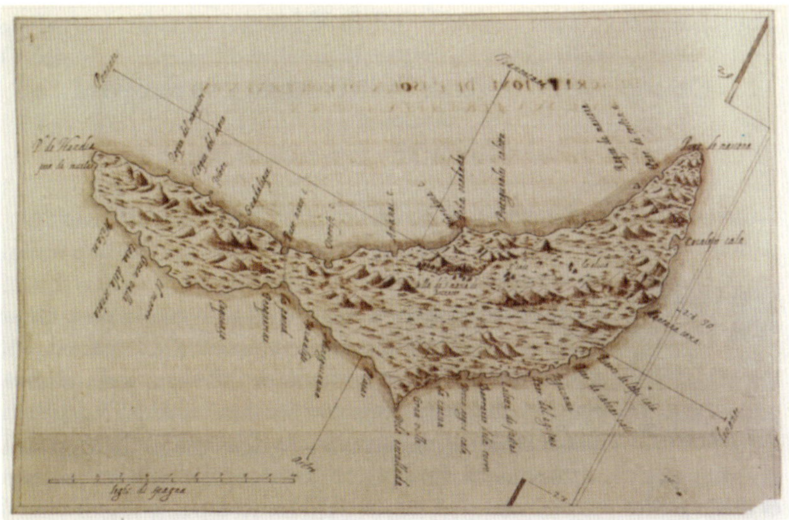

[3] Mapa de Fuerteventura en el siglo XVI. En Leonardo Torriani, *Descripción de las islas Canarias.* Manuscrito. Biblioteca de la Universidad de Coimbra.

monta sus orígenes al año 1414, aunque las ruinas actuales están fechadas en el siglo XVII.[10]

La iglesia de Nuestra Señora de Regla en Pájara [4] tiene varios rasgos inusuales. Era una de las dos ayudas de parroquia (la otra era la parroquia de La Oliva) creadas en 1708, pero ya existía una ermita de una nave antes de esa fecha, dado que una inscripción proporciona el año 1687 como fecha de conclusión de la construcción. La segunda nave, otra característica inusual del templo,[11] fue agregada en 1733 para reflejar el nuevo estatus de la iglesia con título de ayuda de parroquia.[12]

Poco común es también la ubicación en un cruce de caminos con tres ejes principales en forma de Y, puesto que los templos solían estar emplazados al costado de una plaza central. Esta peculiaridad se debe a la preeminencia de la relación entre la iglesia y las tierras circundantes,

10 López García (1983: 127-132)

11 La tipología de la estructura de dos naves gemelas no es común en la arquitectura canaria. El único caso similar en la isla es la iglesia de San Miguel Arcángel en Tuineje, Fuerteventura.

12 López García (1983: 136); Galante Gómez (2011: 338).

[4] Iglesia de Nuestra Señora de Regla, Pájara, Fuerteventura.

organizadas en parcelas agrícolas o en terreno para el pastoreo, mientras que la relación con el núcleo urbano resulta de secundaria importancia. El uso de piedra local igualmente enfatiza esta relación directa con el territorio.[13]

El elemento más singular y controvertido de la iglesia de Nuestra Señora de Regla en Pájara, sin embargo, es la decoración de la fachada de la más antigua de las dos naves: "El templo contiene una extraordinaria portada trazada en la segunda mitad de siglo XVII" [5].[14] Aunque comparte unos elementos estilísticos con la casa del Capellán en La Oliva, hay que enfatizar que es absolutamente única: en todas las Canarias no se encuentra otra estructura religiosa semejante.

El debate está centrado en la fuente del programa decorativo: ¿se decanta hacia motivos aztecas o deriva de la *Iconología* de Cesare Ripa? En otras palabras, ¿es oriundo del mundo amerindio o de la Europa renacentista? Este capítulo pretende abandonar este callejón sin salida para

13 Galante Gómez (2011: 34).

14 Galante Gómez (2012: 98). Más específicamente, "ejecutada, probablemente, entre 1650 y 1675" (Galante Gómez 2011: 351). En la misma página, el autor continúa: "En todo caso, antes de 1681, cuando se concluyó la cabecera del templo, según lo indica aquella fecha inscrita en el tirante de la armadura de la capilla mayor". Sin embargo, en la página 338 esta última fecha es 1687, año que coincide con el proporcionado por López García (1983: 136).

Virgen Reyes

MIRADOR
RIO